兒童英語教學13堂課

THIRTEEN ESSENTIALS OF ENGLISH TEACHING TO CHILDREN

國家圖書館出版品預行編目資料

兒童英語教學13堂課 Thirteen Essentials of
English Teaching to Children／鄒文莉著.－－初
版二刷.－－臺北市：三民，2014
　　面；　　公分
參考書目：面
ISBN 978–957–14–5146–6　（平裝）
1.英語教學 2.教學研究 3.小學教學

523.318　　　　　　　　　　　　　97025444

© **兒童英語教學13堂課**

Thirteen Essentials of English Teaching to Children

著 作 人	鄒文莉
插畫設計	江長芳
發 行 人	劉振強
著作財產權人	三民書局股份有限公司
發 行 所	三民書局股份有限公司
	地址　臺北市復興北路386號
	電話　(02)25006600
	郵撥帳號　0009998–5
門 市 部	(復北店) 臺北市復興北路386號
	(重南店) 臺北市重慶南路一段61號
出版日期	初版一刷　2009年1月
	初版二刷　2014年10月
編　　號	S 807650

行政院新聞局登記證局版臺業字第○二○○號

ISBN　978–957–14–5146–6　（平裝）

http://www.sanmin.com.tw　三民網路書店

序 PREFACE

　　近年來台灣的英語教學向下延伸至國小階段，雖然由英語教學的文獻中可以找到一些相關教材教法的依據來設計課程，但是畢竟兒童學習語言的方式和大人不同，加上以英語為第二語學習和台灣以英語為外語學習的環境又多所差異，無法完全移植外來的教學法及教材，因此，找出一套有系統且又切合實際需求的台灣兒童語言教材教法是有其必要性與急切性的。本人根據多年來教授英語教材教法的經驗，將大家熟知的八大教學法套入台灣外語學習的模式並重新詮釋，再加入兒童英語學習必備的字母拼讀、單字閱讀、說故事以及讀者劇場等方法的討論，目的是希望對兒童英語教學有興趣的讀者能在閱讀過此書後，對兒童英語的教學方法及其應用能有完整的概念，對於以往語言教學的方法既能融會貫通又可以兼顧兒童與成人學習之差異性，也能充分了解第二語與外語學習上之不同處。本書中有關教材的說明皆以例子清楚說明，便於讀者複製使用，對於較抽象的課堂活動也儘量以照片或圖示輔助說明，期望給予讀者一個最有效用、最有效率的閱讀過程，並能在閱讀過後將心(新)得擴大應用於自身的教學中，嘉惠無數學子。

　　本書的完成首要感謝台南市開元國小洪瑄老師，因著她細心的資料蒐集與校正，這本書才能如期完成。

　　最後，謹祝每位讀者皆能

擁有一個高效能、高效率的閱讀旅程！
Enjoy an effective & efficient reading journey!

國立成功大學外文系 邱 文 莉 謹致

兒童英語教學13堂課
THIRTEEN ESSENTIALS OF ENGLISH TEACHING TO CHILDREN

THREE 第3篇　教師需具備的教學技巧（skills for teachers）　223

第一篇

英語教學法
（language teaching methodology）

第1章　從古典教學法到人本教學法
（from classical method to humanistic approach）

　　從第一章開始，我們將首先著重於六種影響深遠的語言教學法，提供老師對這些教學法的初步認識。雖然有許多部分將花費在闡述理論，然而能熟知理論並將理論實際應用於課堂上，也是老師需要努力的課題。一套教學法不僅需要有效的課堂活動，許多與教學相關的內在與外在因素更是不容忽略，因此我們建議老師在研讀教學法時，可以從以下各個層面探討：

　　1.一套新的教學法的出現其歷史背景為何？是之前教學法的改良或衍生？還是對先前教學法的反思？其原因為何？

　　2.每一種教學法的主要教學目標為何？想要達成的教學效果為何？

　　3.師生在教學法中所扮演的角色為何？互動情形是單向或是雙向？是由學生或是老師主導？

　　4.學生的感受是否受到重視？目標語言國家以及學生本身的文化又是如何被看待與定位？

　　5.學生的母語在課堂上使用的情形為何？老師會應用母語幫助教學嗎？

　　6.老師是如何看待學生的錯誤？立即指正？讓學生自我修正？或是有其他的處理方式？

　　7.課堂上的評量方式為何？

　　8.依據教學理念，在教學過程中產生的一些特點，如偏重的活動、技能或是教具的使用情形等。

　　這些問題不僅牽涉到語言學習的技巧，還包含課堂氣氛的營造以及預測的學習效果，更是英語教學者決定選擇一套教學法的重要指標。學習貴在融會貫通，當老師能比較出各家教學法在不同層面的處理方式時，

相信運用在課堂時必能截長補短，讓英語教學更加得心應手。

　　在接下來的關於教學理論的章節，將以「理論背景」、「教學重點提示」和「反思與影響」為闡述的脈絡。其中，因為「教學重點提示」是各種教學法的精髓，本書又將教學方法依據 Bloom（1956）的教育目標細分為「認知」、「情意」及「技能」三項重點闡述。在認知方面將會討論「教學目標與預設的教學成效」、「文化定位」、「母語使用情形」、「學生錯誤處理原則」和「評量方式」。在情意方面，我們著重於各項教學法中的師生互動，如老師與學生在教學中扮演的角色，以及老師如何看待和處理學生的情緒。最後，在技能方面將會提到每套教學法較為獨特的課堂教學活動。希望老師們在閱讀時能依循著這些大綱按圖索驥，掌握每個教學法的方向。為了不使老師混淆，在本書中將以「目標語言」（target language）表示學生在外語課堂上所要學習的語言，而「母語」則指學生本身已經擁有的第一語言。

1.1　文法翻譯法（grammar-translation method）

理論背景

　　文法翻譯法又稱「古典教學法」（classical method），因為最初這種教學法是用來教導西方學生學習古典語言——拉丁文與希臘文，而大多古典語言的用途為文獻記載，因此文法翻譯法著重於教導學生能以目標語言讀、寫和翻譯。

教學重點提示

一、認知方面——教學概念要點

　　基於對讀、寫和翻譯的需求，使用文法翻譯法的老師會著重於教導

學生單字和文法規則，較少著墨於說與聽的能力訓練。又因為文法翻譯法是為翻譯經典而生的教學法，它不僅注重讀、寫能力，連文化教學的議題也偏重於文學或是藝術的教導。

在說明與練習的過程中，老師會大量使用學生的母語解釋與進行翻譯，以期學生能達到精準無誤的語言翻譯。如果學生不知道答案或有了錯誤，老師通常就是解答的來源，而且老師會直接糾正學生的錯誤，因為老師認為學生知道「正確解答」是學習中重要的一環。著重讀、寫的文法翻譯法，最常見的方式即是紙筆測驗，主要還是以檢測學生的文法和翻譯成就為主（參見圖 1.1）。

圖 1.1　文法翻譯法

二、情意方面──師生互動、學生情緒

文法翻譯法不僅在學習內容上很「傳統」──著重記憶單字與練習文法，就連師生互動的模式也十分傳統。在課堂上，老師是教學的重心，

是主導者也是權威（authority）；大部分的學習活動皆是老師主導，學生的角色主要是從老師身上學習知識，師生互動多是老師傳授、學生吸收的單向交流。學生在課堂上產生的感受並未納入教學考量的重要因素。因應這樣的教學理念與師生互動的模式，以下幾種教學活動是在使用文法翻譯法的課堂上較為常見的。

三、技能方面——課堂教學活動

1.記憶單字、文法

學生通常要記憶許多單字和文法規則，並以這些為基礎進行其他的練習。

2.同源字比較

如果目標語言與母語是來自同一種語系（如德文和英文），它們彼此之間的字彙很有可能來自同一種語言，因此在記憶單字時便有跡可循。使用文法翻譯法的老師便可以利用這樣的特性，訓練學生多記一點單字，或是老師也可以讓學生分辨看似同源字，但其實字義上並無相關的單字。

3.同義字／反義字比較

字彙訓練方面，學生被要求要能舉一反三。在課堂上，老師可能給一個單字，讓學生們在文章中尋找同義／反義字，或是學生根據上下文的內容、單字組成的規則來揣測文中的單字。

4.造句練習

有了許多字彙的訓練，為了驗收學生的學習成效，老師會請學生利用單字造句。

5.文法練習

在文法翻譯教學法中，文法是佐以實例教學，不僅是文法規則的運用會搭配各式各樣的例子、句型，就連特殊例子也是以句子呈現。當學生們明白如何使用文法，將文法規則記入腦海中，各種相關練習便應運

而生。

6. 閱讀測驗

在閱讀測驗中，學生通常以目標語言來回答問題。能正確回答問題即表示學生對於這篇文章的單字和文法規則有一定的了解。通常問題有三種類型：第一種是回答與文章相關的題目，這類型題目的答案必須從文章中尋找，所以學生必須先讀懂了、能翻譯了，才能找到答案；第二種類型的問題是要求學生回答和文章相關的答案，但答案未必直接出現在字裡行間，因此學生除了要能讀懂文章，還必須能推理思考作者的言外之意才能回答；第三種類型的問題則將文章連結到學生本身的經驗，進行更高層次、更開放的思考，之後學生才來回答問題。

7. 克漏字填空

學生們會拿到一張漏了許多字的考卷，他們必須根據上下文填入適合的單字，或是依據文法的變化填入適當的時態、介系詞。這張考卷便是檢核學生對單字和文法規則熟稔度的練習。

8. 翻譯文章

既然稱為「文法翻譯法」，練習活動中自然少不了翻譯練習。學生翻譯的文章通常有一些教學重點，例如為了練習特定的單字、片語和文法，老師可以從目標語言刊物中挑選相當程度的文章，或是自己根據需求撰寫一篇練習文章。通常老師會要求學生們將目標語言文章翻譯成自己的母語，或許是用說的，也或許是用寫的，端看老師的要求。

9. 寫作

寫作在文法翻譯法中被視為一種重要的評量工具。老師會給學生一個題目，讓學生練習如何以目標語言寫出文章。題目的選定可以是和閱讀文章相關的議題，或是和這階段學習重點相關的題目，老師便可從學生的文章中看出學生的學習成效。或者，老師可以要求學生將閱讀的文章整理成摘要，了解學生對文章的理解程度。

反思與影響

　　文法翻譯法是最傳統的教學法，但未必是最完美的方法，例如在文法翻譯法中，僅有經典文學被視為文化教學的重點教材。此外，聽和說的訓練在課堂上幾乎無法與讀、寫得到同等的發展機會；如果有，大多也僅止於利用母語和目標語言進行單字與文法的講解與翻譯。有人認同這樣的教學法，認為獲益匪淺，有人則不以為然，認為語言學習不能與單純的翻譯劃上等號，溝通應該是語言學習課堂上不容忽視的重點。因為這些省思，之後產生了許多不同的教學法，而每一套教學法的利弊得失都可能是日後新發展教學法的思考契機，這點我們將在後面的介紹中慢慢討論。

1.2　直接教學法（direct method）

 理論背景

　　源於對文法翻譯法著重於讀、寫的反動，後來出現的直接教學法可視為一種著重口語的教學（oral-based approach），而其最高指導原則便是「老師不以學生母語翻譯」。直接教學法的精神是「學生『直接』使用目標語言來學習，而不是透過老師的翻譯來取得對標的語的了解」。從這點我們大約可以預測在使用直接教學法的課堂上，師生的互動情況應該會與文法翻譯法有所不同。

 教學重點提示

一、認知方面——教學概念要點

　　直接教學法希望教導出「具有溝通能力」的學生，因此強調讓學生

直接以目標語言思考，再直接以目標語言與同儕交流。雖然在這種學習過程中，學生都有可能學習到語言的聽、說、讀、寫這四種能力，但口語能力的訓練才是直接教學法最重視的語言能力指標，而語言能力的建構是以字彙的教學為基礎，再搭配各種情境的需求進行教學。

因為教學者相信語言和學習息息相關，因此老師不採用翻譯讓學生了解字義、文法，反而是運用大量的教具、實物、手勢、動作、情境⋯⋯等，讓學生在實境佈置中了解所要學習的課程，並在這些情境中練習如何運用單字造句及對話。即使是抽象的文法，採用直接教學法的老師也不以母語翻譯規則；相反地，教師們會舉出大量的例子，讓學生互相比較彼此間的差異，再讓學生自行整理文法規則。但總體說來，單字的教學仍是先於文法教學。學生們除了學習語言還必須學習與目標語言相關的文化知識，例如歷史、地理、日常生活習慣及用語等。

直接教學法強調以目標語言直接學習，所有的教學、思考、語言產出最好都以目標語言為主。雖然沒有硬性限制母語的使用，但教學者仍會認為母語不應出現在教室中。老師會在練習中注意學生的發音和各種錯誤，但不是直接糾正，而是提供各種方法讓學生自我改正。例如若要修正文法上的錯誤，老師會以重新詢問或給予選擇的方式，讓學生自行思考發現錯誤，再自己選出對的答案，以得到相關語言知識。

評量方面老師則會利用師生或同儕間對話時進行評估，評量的原則比較偏向「如何使用語言」，而不是「展示語言能力」。當然靜態來說，老師也可能讓學生寫出一段文章，以了解一些跟目標語言文化相關的議題（參見圖 1.2）。

圖 1.2　直接教學法

二、情意方面——師生互動、學生情緒

　　課堂上的活動仍多以老師主導，但與文法翻譯法相比，直接教學法的學生採取較為主動的學習角色，因此師生的關係更像是夥伴，是一種雙向的溝通。學生的情緒雖然未列入教學考量，但氣氛較文法翻譯法活潑許多。

三、技能方面——課堂教學活動

　　雖說文法翻譯法和直接教學法的教學活動相近，不外乎是進行語言能力的練習，但不同的教學理念、不同的學習氣氛，會衍生出不同的教學活動。因此，嚴謹的文法翻譯法與「直接了當」的直接教學法在教學活動上必定有所不同。以下便是直接教學法教室常用的教學技巧：

1.朗讀

　　學生會輪流朗讀文本，如劇本、小說、段落文章等。等學生們讀完之後，老師才利用實物和教具解釋字義和文意。

2.問答題

進行問答練習時，學生必須以目標語言進行詳答或是提問，練習單字和文法句型。

3.自我改正（self-correct）

不同於文法翻譯法的老師會直接糾正學生錯誤，並提供標準答案，在直接教學法中，老師會請學生在自己的「錯誤」和老師提供的範例中，重新做一番思考與選擇，讓學生自己發現錯誤，再自我修正。此外，老師也可能以懷疑的語調模仿學生的錯誤，或複述一次句子但在錯誤前停下，讓學生從中發現錯誤所在，並進行修正。例如，當學生說 It's a orange. 老師可以反問 It's a orange or an orange?

4.對話練習

老師會以目標語言與學生進行問答，學生必須了解才能回答，這也可以視為一種學習評估。老師所問的問題大多是包含教學目標的單字與文法，當學生能夠回答時，便可以更進一步地利用這些材料與他人進行問答。

5.填空

這部分很類似文法翻譯法的「克漏字填空」，但和文法翻譯法不一樣的是在直接教學法中，老師不直接講解文法規則，而是讓學生從先前的課程練習或範例中去歸納推論出文法規則，再進行克漏字的練習，而且全程皆以目標語言進行，老師並不會為學生以母語進行翻譯。

6.聽、寫練習

進行聽、寫練習時，老師會朗讀文章三次。第一次，老師以正常速度朗讀，學生只需要專心聆聽；第二次，老師會慢慢唸，在字句間稍作停頓，讓學生有足夠的時間可以做筆記；到了第三次，老師再以正常速度朗讀，讓學生檢查剛剛所做的筆記是否與文章相符。

7.畫地圖

前面提到，直接教學法的學生會學習相關的地理知識來幫助了解文化，而這個活動便是結合地理與聽力的訓練。例如，學生可能拿到一份標示不完整的地圖，之後再依據老師的提示逐步補上缺少的部分；老師可以要求學生在不同的方位加上地標，像是在地圖東邊畫出河流，在地圖西邊畫出高山，依此步驟逐步完成地圖原本的全貌。當學生完成後，老師再拿出原本的地圖讓學生比對誤差。可以想見只有當學生聽得懂老師的指令，這份地圖才能正確地畫出來，因此這項活動主要是考驗學生的聽力。接下來，可以再輪到學生下指令，讓老師在黑板上畫出地圖。為了讓老師畫出學生心中所想的地圖，學生們當然得以正確的文法和單字表達自己的意思，才能完成任務。

8.段落寫作

在直接教學法中，所謂的寫作是類似「我手寫我口」的概念，也是為了以文字代替口語的溝通能力。段落寫作著重在將之前聽到的指令或學習到的目標語言國家的地形特色內化成自己的知識，由口中說出來，再書寫成段落文章。因此，老師會先要求學生用自己的話說出印象中的課文內容，再將這些內容寫出來，拼湊成一篇文章。

 反思與影響

直接教學法大大顛覆了文法翻譯法對於文法與翻譯的重視，但有些人卻又認為直接教學法過於忽略讀、寫的訓練。如何在兩者間取得平衡？老師在選擇適用自己的教學法之前，必定得先認同其背後的教學理念，才能實行無礙。而一套教學理念的產生，不僅是對先前教學法的省思，有時也是考慮當時的時代背景與實際需求，下面我們要提到的聽說教學法就是一個有趣的例子。

1.3 聽說教學法（audiolingual method）

 理論背景

　　二次大戰期間，大批美軍被派往外地。為了盡快訓練士兵們學會基本的會話句型以適應當地生活及應付戰情所需，美國政府委託大學為軍中人員發展目標語言課程，著重聽、說的聽說教學法便順勢產生了。因此聽說教學法也別名為軍隊法（army method）。因為這種教學法在軍中的成功經驗，一旦在民間推行，立即引起教學界的重視，蔚為風潮。聽說教學法首重聽力訓練，接著才是發音訓練、口說能力、讀、寫能力。在聽說教學法中「口語」被視為語言能力的代表，而語言的學習又是透過學習語言的結構而來。聽說教學法的理論背景主要來自行為主義心理學（behaviorism）和結構語言學（structural linguistics），它們著重人類的行為反應而非心理的發展過程。以結構語言學來說，所謂的語言即是基本句型和文法。因此，教導語言時，該以有系統的方法教授發音，再加上大量的口語練習。句型練習即是聽說教學法裡的基本重點活動，而這些句型都具有達到某些特定任務的實用價值，比如說服、討論或是澄清等功能。

　　如果以行為主義心理學的角度切入，聽說教學法認為人類的行為是根據所接受的外在刺激以及不斷強化（reinforcement）其刺激而來，這些刺激的作用可以引發預設的（或非預設的）反應，並鼓勵（或壓抑）日後對這項刺激的反應（Skinner, 1957）。「強化」是這套教育理論重要的一環，認為只要不斷地灌輸指令，熟練再熟練，甚至是過度學習（overlearn），最後終能達到完美而迅速的反應機制。將這些理論應用到教學上，則所謂的行為即是學生的語言能力，刺激則是教室裡呈現與教導的語言，而刺激的強化就是指外在來自學生或老師所給予的讚美或評斷，以及內在

來自學生本身對學習語言使用的滿意度。因此，在聽說教學法裡，精通目標語言的定義就是當學生在接受一種語言刺激後，能立即做出正確連鎖反應的行為模式（Richards & Rodgers, 1988）。

　　因此聽說教學法的指導原則就是「學會能聽能說」，可以想見聽說教學法是一套聽、說重於讀、寫的語言學習方法，這套教學法的優缺點將在下文中闡釋。

 教學重點提示

一、認知方面——教學概念要點

　　聽說教學法與直接教學法一樣是著重口語的教學。但相較於直接教學法注重利用情境進行單字的練習，聽說教學法則是讓學生不斷練習與文法相關的句型，是一種比較偏向重複式、重句型的練習。為了達到最高效能的練習，聽說教學法多利用上下文或日常對話（不再是情境式）來進行對話演練，幾乎所有的單字與文法句子都是利用對話的模式進行教學，而「對話教學」也被定位為反覆地模仿與練習以強化刺激與反應的連結。

　　聽說教學法雖然十分重視句型的練習，但它也沒忽略文化教學。然而聽說教學法的文化焦點不是文學藝術，而是教導學生以目標語言為母語的人士可能會有的一些對話反應、日常行為，其目的也是為了讓學生的聽、說行為能盡量接近目標語言人士，達到聽、說無礙的目標。

　　為了達到「完美」的境界，任何會影響語言「負面」學習的因素，例如可能影響發音和文法的母語，都應該剔除，以克服母語可能造成的限制，養成一種新的語言習慣、語言行為模式。但值得注意的是，母語也被視為錯誤的來源。聽說教學法的老師有時也會比較母語和目標語言之間的差異，化「差異為效益」，幫助學生釐清兩種語言間的不同與相同處，突破學習的盲點。避免學生犯錯的聽說教學法當然在一開始即教導

正確的發音，並利用比較活動，如最小音對（minimal pairs），讓學生了解音群之間的關係。

聽說教學法的老師既然是課堂上領導者，自然會盯著學生不讓錯誤發生，即使發生了也要立即糾正，再灌輸正確的語言，因為錯誤也被視為阻礙養成新習慣的因素。

聽說教學法進行評量時，老師可以採用紙筆測驗或是口語練習。為了讓學生達到一接受刺激立即就能做出正確反應並減少錯誤發生，評量的問題會針對單一的教學目標設計，而不是統整式的測驗。例如，要知道學生的聽力程度可以考分辨字音，要知道學生的語法是否正確可以考動詞如何運用……等，而不是像聽力測驗或是寫作這些較整體性的評量方式。

二、情意方面──師生互動、學生情緒

既然講求正確的語言學習，那範例該從何而來？答案是「老師」。身為聽說教學法的老師必須提供正確的引導與示範，讓學生不斷接受刺激，不斷練習。概括說來，整套教學歷程即是一種「養成新習慣」的過程，而老師就是引領隊伍前進的隊長，引導方向、糾正缺失、提供示範、教導用法。學生們則是跟隨者，完全跟著老師的腳步前進。乍看之下，這種「強人領袖」的老師取向教學法很像文法翻譯法，但在聽說教學法中，老師是提供語言範本的對象，而課堂中同儕之間的互動也比較頻繁，因為為了達到不斷練習的目的，同學之間會有許多的機會可以互相練習句型，而不只是單打獨鬥的記憶、背誦單字句型而已。

三、技能方面——課堂教學活動

這裡列出幾種在聽說教學法中常見的活動，其中因為聽說教學法重視利用「句型」學習文法、單字，它所設計出來的活動自然是繞著各種句型做變化的練習。即使是同一種活動，也可以根據學生程度的不同做不同變化，下面列出五種句型練習活動供老師參考，老師當然可以精益求精，激發更多教學創意。此外，對話練習與發音練習也是常見的教學活動，因此一併納入介紹：

1. 對話練習

既然聽說教學法是著重能聽能說的學習法，利用對話學習如何對話當然一點也不奇怪。通常老師會採用生活中常出現的句型，讓學生兩兩練習，或是老師與學生練習，或是進行角色扮演，甚至是將對話背起來。當學生可以流暢對話時便可以上臺表演，展現成果。若要加深難度，老師可以將對話掐頭去尾，讓學生用自己的意思完成一段新的對話，不僅可以練習聽、說新對話，甚至可以讓學生提筆練習寫作，分享彼此的大作，相互練習新的對話，增加活動的樂趣。

2. 發音比較

老師先舉出一組例子，如 year/ear，讓學生分辨是哪一個音不同，現在說的是哪一個字，能辨音後再讓學生說出、唸出。這樣的活動有時可以讓學生分辨母語與目標語言之間相似但不同的發音，或是提升學生對發音的敏感度，引導學生說出正確的發音（參見圖 1.3）。

year? ear?

圖 1.3　聽説教學法活動──發音比較

3. 句型練習（drill）

　　句型練習是一種在聽説教學法中很常出現的教學活動，針對不同的需求，老師可以利用主題句子做各種變化，讓學生不斷練習，達到學習的目的。以下就舉幾種例子：

　　⑴ 學生在練習長句遭遇到困難時，老師可以採用回溯練習法（backward build-up）練習，將句子切成一段一段，讓學生從後面的詞組開始唸，再倒回句首慢慢加長句子練習。例如練習 I went to the supermarket with Susan yesterday. 時，老師可以先讓學生唸熟 yesterday 後再加入 with Susan，唸熟之後再慢慢一段一段加長到唸會整個句子。

　　⑵ 如果為了練習對話，並以達到像目標語言人士一樣的流暢語氣與正確語調為目的，老師就可以運用重複練習法（repetition drill）讓學生依著老師説話的速度與語氣一句一句跟著模仿。

　　⑶ 針對問答練習則可以採用連鎖練習（chain drill）。全班就像一條鍊子，老師先起頭問一位學生問題，學生回答之後再轉向另一位學生發問

同樣或類似的問題，直到全班都完成為止。連鎖練習的好處是老師可以檢核每位學生的學習狀況，而每個學生也可以確實練習到句型，並不斷重複聽到句型在耳邊出現。但必須注意，當老師專注於問答的兩位學生時，其他學生會做些什麼？是專心聆聽，還是心神飛向外太空了？如果弊多於利，老師就要考慮加入配套措施，使活動達到最大的學習效益。

⑷ 舉一反三進階學習。如果學生只能重複老師給的句子，想必還停留在初階的學習。因此，同樣都是 drill，還有一種是給較高成就的學習者使用的——替換練習（single-slot/multiple-slot substitution drill）。這種練習方法是根據老師提供的線索（cue）填入句子中該被替換的位子。老師可以每次都提供同種性質的線索，如水果、地點……讓學生在同一個句子中做替換；或是一次提供不同種類的線索讓學生思考該放在句子的哪個位置中，創造出一個新的句子。

⑸ 當學生能應用自如後，老師甚至可以讓學生練習在不同句型間進行轉換。例如直述句和疑問句互換、改變不同的時態或人稱、直接問句與間接問句的轉換……等，都是可以讓學生練習的活動。

 反思與影響

聽說教學法講求精準與完美，相信經過不斷的刺激與訓練，學生可以達到自動反射般的語言回應與成效。但是語言學習只是模仿的歷程嗎？如果真是如此，為何經過正確的示範後，學生仍會產生各種出乎意料的錯誤？越來越多關於錯誤學習的研究都提出證據指出聽說教學法理論上的缺失，而聽說教學法卻也無法給予令人滿意的合理解釋。擁戴聽說教學法的人喜愛它的「迅速及規律」；反對的人則相信連科技都始終來自於人性了，怎麼能將學生當機器一樣的訓練，而不去注重學習者的感受呢？下面即將介紹的默示教學法，即是一種重視學生情緒的教學方法。它和聽說教學法最大的不同在於重視學習者的感受，不要求學生立即開口說。

如此一種強調學習者情感因素的教學法，又是如何影響學習？

1.4　默示教學法（the silent way）

理論背景

　　默示教學法可視為對聽說教學法的一種反動。因為即使聽說教學法至今仍施行不衰，但無可否認的，許多在教室裡有問必答的學生出了教室、面對真實的語言環境時，仍會面臨答非所問或是回答不得體的窘境。至此，有些教育家開始質疑語言學習是否僅是一種習慣的養成，可以透過不斷強化訓練而達到目標。與此同時，另一心理學派——認知心理學——也正蓬勃發展。Noam Chomsky 是認知心理學中一位重要的學者，他認為學習是一種心智的運作過程，學習者必須透過認知的運用，去思考、去整理、去理解，才能真正學習；「教」是為了引出「學」，而不是主導凌駕於上，更不是刺激與反應的單一習慣連結而已。這種以人類認知為主的學習理論影響之後許多新的教學方法，默示教學法就是其中之一。默示教學法是由 Caleb Gattegno 提出的教學法，不同於先前提到的教學法是由老師提供知識的來源，默示教學法強調讓學習者為自己學習負責的精神，因此除了排除背誦、覆誦等方法，學習者還必須學會從教材中去觀察歸納，找出學習的系統。在默示教學法中可以觀察到老師不再如先前提到的教學法，多遍地重述教學內容，相反地，老師會希望學生專心並主動地去觀察、摸索出目標語言的各層風貌，老師僅在旁提供適切的協助。除了教學理念不同外，Gattegno 將語言視為結構性的組合體，因此發展出依顏色分類的彩色木條（colored Cuisenaire rods）和發音卡（Fidel charts）來幫助學生了解目標語言的發音及文法特性，並協助記憶。關於彩色教具會在後文提供更詳細的說明（參見圖 1.4）。

圖 1.4　默示教學法

教學重點提示

一、認知方面──教學概念要點

　　以認知心理學為依據的默示教學法認為，任何能引起學習者聯想思考的資源都可運用，最普遍的是老師在正式教學前先利用學生的先備知識引起動機。有了基本的概念之後，老師會利用學生學習母語的經驗開始進行教學，這點與聽說教學法「重複訓練養成新習慣」的概念相比較，倒像是借力使力的教學策略。

　　默示教學法的命名是由「沉默」（silence）這個字而來。在這套教學法中靜默也是一種教學工具，老師利用靜默的一段時間，讓學生自己思考錯誤何在，如何改進，而非急於提供答案，換句話說，靜默是一種讓老師退場的機制，提供足夠的時間與空間讓學生成為學習的主人；而老師的放手，不僅可以從旁觀察學生的狀況，更可以強化同儕間的學習，讓學生從別人身上得到學習的效果。或許有人質疑，這樣老師不是太輕

鬆了？那還需要老師嗎？其實所謂「老師的沉默」是不希望過多來自老師的批評與干擾，打斷學生培養學習思考的機會，讓學生能更專注於眼前的學習上。

一開始學生會先利用自己母語的知識來學習目標語言的基本拼音與單字。有了語言的基本概念後，老師會設定一個情境讓學生大量練習特定的語言結構，但不是重複而已，默示教學法會以發音為基礎，之後再漸漸加入單字教學。話雖如此，但其實在默示教學法中沒有一定的教學先後順序，與其說應該先教什麼，不如說默示教學法偏向螺旋式的教材排列，聽、說、讀、寫都在前期引入教學，再隨著學生能力的增加，循環式引入學過的知識，加深加廣學習內容。任何可以幫助學生理解的資源，即使是不在聽說教學法中使用的母語，都可以被用來作為說明解釋的工具，但其角色是輔助而不是翻譯。此外默示教學法認為每種語言與其延伸出來的文化都有它獨特之處，因為這兩者正是反映了使用者的思想，因此語言與文化是密不可分的。

默示教學法與先前提到的教學法不同，它很重視學生所犯的錯誤，錯誤在默示教學法中被視為「學習體檢」的好幫手，老師可以從錯誤中找出盲點，提供學生真正需要的知識。因此「完美」不是默示學習法的指導原則，能從錯誤中學習才是默示教學法的真諦。老師也從與學生的互動與回饋中得到下次教學的修正靈感。

在評量方面，老師對學生的觀察就是一種評量，甚至可以替代傳統的紙筆測驗。老師主要是觀察學生的進步程度，學生在這個階段的學習成就將決定下一階段的學習內容。特別的是，默示教學法的老師僅是觀察，而不給予讚揚或貶抑的評語，因為他要讓學生能培養出適合自己的標準，並以這套標準不斷要求自己進步，不是和其他同儕齊頭式的進步，更不是要求完美的精進。

二、情意方面——師生互動、學生情緒

　　既是以人類的認知為主，默示教學法自然不再要求學生重複跟著老師練習句型，反而是要求學生發展內在的學習機制，建立一套合乎本身需求的校正標準，讓學生自己發現問題、提出問題，為自身的學習負責任。這不表示學生不與外界發生聯繫，相反的，默示教學法的學生會仰賴同儕的互動與互相指導來達到學習的目標。

　　默示教學法是一套要教會學生如何表達自我的教學法，學生的感受也是老師課堂觀察的重點之一。若老師發現學生受到阻礙，老師是以一個協助者的角度去幫助他回到原本的學習軌道，但不是代替學生進行學習的選擇或決定。因為默示教學法相信「只有學習者本身才能真正知道學習是什麼」，因此學生本身也要清楚知道自己的所知與侷限，盡情表達，尋求協助，進而突破限制，達到學習的目標。

三、技能方面——課堂教學活動

　　默示教學法有許多在臺灣鮮見的教學法寶，沒見過的人還真不知該怎麼使用。這些教學工具看似十分抽象，但如果與默示教學法的理念互相搭配，其實可以看出連這些小工具都寓有人本精神，堅持讓學生成為學習的主人。

1.彩色教具

　　這裡指的彩色教具有兩種，一種是教發音使用的「色音／音色對應表」（sound-color chart，參見圖 1.5），一種是教文法、句子用的彩色木條（colored Cuisenaire rods，參見圖 1.6）。「色音／音色對應表」中各種彩色的方塊，代表了不同的發音，學生和老師會利用彩色方塊的搭配來練習拼音，其目的是要讓學生透過觀察顏色來注意語音，而不是偏重老師的發音。而各式的彩色木條，除了可以拿來教顏色，更可以用來教導較抽象的文法，例如藍色代表介詞，黃色代表名詞，紅色代表動詞，學生就

可以利用不同顏色的木條排列出不同的句型。有趣的是，若老師是沉默的一方，該如何表達音調？答案很簡單，只要將代表的木條稍稍往上揚起（如疑問句的句尾），學生唸到那個色塊時，自然會上揚語調。

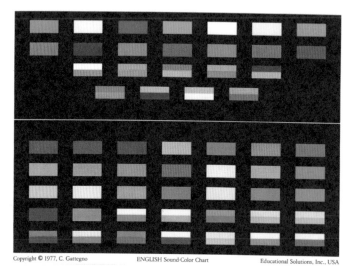

圖 1.5　色音／音色對應表（sound-color chart）
圖片來源：http://assoc.pagespro-orange.fr/une.education.pour.demain/materiels_
　　　　　pedago/sw/swengcharts/swenrect.htm

圖 1.6　彩色木條（colored Cuisenaire rods）
圖片來源：http://www7a.biglobe.ne.jp/~SW_LANGUAGE_CENTER/index.html

2.單字表

老師會和學生製作單字表，掛在牆上，讓學生可以唸讀出他們寫的句子；當然，這些字是五顏六色的作品，以方便學生「辨色讀音」。除了單字表，牆上也可以掛上為各種發音設計的練習表格，例如 /e/ 可以拼成 ay, ea, ei 等不同形式，老師可以把這些特殊拼音用同一個顏色表示，學生便可以在牆上列出這些拼音，以便隨時複習。

3.教學回饋

課程結束後，學生會跟老師一起檢核今天的課程，大家一起提出有建設性的意見，例如增加學生需要的教學策略，並對今日所學做一番省思。這種活動是為了讓學生學會為自己的學習負責，因為今日所提的意見都可能成為明天修改的依據，這也是默示教學法中人本精神的展現。

 反思與影響

默示教學法在臺灣較為少見，尤其是那些神奇的木棒幾乎可以代替一般傳統老師的工作，真是神乎其技。但是在我們大力讚揚默示教學法重視人本精神的同時，不妨想想為何它沒有在我們的教學環境中盛行開來，是不是我們的文化背景、教學環境以及升學壓力，都無法讓這套教學法一展長才？這或許也是一個外在環境影響教學方法的活例。

1.5　情緒解放法（desuggestopedia）

 理論背景

英語教學法到了情緒解放法又進入一個新的局面。從傳統重視口語發展的教學法，到後來開始重視人類心理認知的教學法，情緒解放法（與接下來要談的團體語言學習法）更是建立在新的理論基礎上。Celce-Murcia

（1991）又稱情緒解放法為情意人文教學觀（affective-humanistic approach）。這派理論認為人類學習語言的速度原本應該更快更有效率，但是因為學習者的心理障礙導致學習時沒有運用所有的心智力量，降低了學習的效率。因為害怕自己不夠好、不夠聰明，對學習的自信不足，種種負面的想法都會讓學習成效大打折扣。因此情意人文教學觀認為在學習語言的過程中應該引導學生發揮最大潛能，降低對學習的恐懼，這樣才能學得快、學得好。為了讓學習者將所有心思集中於學習，並降低其他情緒性或外在的干擾與阻礙，例如因為擔心學習成效不彰而引發的焦慮或害羞的情緒，情意人文教學觀認為在教學時必須注意移除（desuggest）學習者的情意障礙，也就是製造一個愉悅和樂的學習氣氛，讓學生在放鬆愉快的情境下，全心投入學習。*Creating Wholeness Through Art* 的作者 Evelyna Gateva 提出的解決方法之一為融入藝術，如古典音樂，來減輕學習過程中產生的焦慮，使學習者能發揮全力學習。今日也有牧場經營者相信放音樂給乳牛聽，可以產出更優質的鮮乳。這種類似的原理出現在語言學習的教室裡該是如何的情景，讓我們一起往下看。

 教學重點提示

一、認知方面——教學概念要點

　　情緒解放法的目標就是利用開發學生的全部心智力量，達到最高的學習效益。為了不讓學生產生焦慮的情緒，首要之道便是營造一個愉悅的教學環境，這樣的教室必然是明亮而美麗的，但又必須與所學相關。因此除了明亮寬敞的教室空間，老師還會在牆壁上佈置一些與教學相關的漂亮海報，例如文法句型的整理，讓學生由潛移默化中不知不覺地學習起來，而不是填鴨式地放在教學中一再重複背誦。有了外在的愉悅環境，老師還必須為學生去除心理上的障礙，讓學生相信學習可以是美好的經驗；其中一種做法是為學生取個新名字，間接提示在教室中學習的

自己是另一個新的個人，因此自己不必為在教室中的不好表現自責。從一開始，老師就不斷透過各種方法強調「你很棒，你可以學得很好。」甚至在教材、講義的設計上也到處可見鼓勵性的話語，或者直接以這些正面學習目標為課文標題，例如：「你可以成為你想要成為的人」。這些做法無非是要利用大量不著痕跡的鼓勵，讓學生移除戒備與羞澀、恐懼的心理，發揮高度的潛能，學習接下來的課程。

音樂在情緒解放法中佔有重要的一席之地，想想看去聽一場音樂會是多麼賞心悅目的經驗，因此，情緒解放法相信音樂可以放鬆心情與疲累的身體，讓學生更快進入學習的狀態。但可不是什麼音樂都可以登堂入室，最受青睞的音樂多是輕柔的古典音樂，如貝多芬的鋼琴協奏曲或是巴哈的作品。更重要的是音樂在情緒解放法中被視為一種進入潛意識的管道。在意識中，學生們正在學習語言，而美妙的音樂也同時不斷地催眠學生的潛意識，告訴學生學習正如同音樂一樣愉快。這種雙管齊下的方法，是情緒解放法的一大特色。

在正式教學活動中，學生會拿到講義，上面的教學重點像是文法與單字會以粗體字標示，讓學生知道重點何在；但老師不會仔細講解，盡量保持一種動態的學習，既可以關照到全文的討論，又可以提示重點，讓學生不要陷入「一定要將重點記下來」的學習恐懼。根據情緒解放法減輕焦慮的原則，學生的母語在教學中自然是可以被運用的工具。試想，面對一個已經聽不懂的學生，還要使用更多的目標語言來解釋，豈不違反「營造愉悅學習環境」的原則？因此，老師可以用母語解釋一遍，當學生了解之後，再以目標語言進行教學。

為了提升趣味，有時戲劇的元素也會引入教學，例如在輪讀時，不同的角色可以穿戴不同的服飾，讓學生以一個「新的自己」表現。而多元的教學活動，如問答、翻譯、唸讀……等都是可以帶入課堂的活動，只要能達到愉悅多樣學習的目的，情緒解放法可說是不拘泥於教學的形

式，這一切的設計都歸於向學生強調「學習是有趣的」的觀念。情緒解放法的文化學習目標則是目標語言人士的日常文化與精緻藝術並重。學生在耳濡目染中接觸許多優美的古典音樂，在課堂上也會學習與目標語言相關的文化。

　　情緒解放法很重視單字的學習，所謂成功的學習者通常是那些知道最多字的人。而文法學習則是透過使用語言的過程中去認識文法的規則，在情緒解放法中，我們可以說文法是被引導出來，而不是教出來的。意見的表達，又可分為口語表達與書寫表達，老師會安排對話或唸讀活動讓學生有說的機會，之後再寫下來。但其實在評量上，老師較注重的不是口說能力，也不是紙筆測驗，因為這些有形式的、有高低分差別的評量或多或少都會帶來壓力，因此老師主要看的是學生在課堂上的表現。即使學生有了錯誤，老師也是給予溫柔的糾正，絕不是嚴厲的要求與批評。

二、情意方面——師生互動、學生情緒

　　情緒解放法十分注重學生的情感反應，希望能培養出具彈性、有自信的學生，相信學習不再是艱苦的奮鬥，而是一種自然輕鬆的過程。因此種種的提示與氣氛營造，都是為了提升學生的正面情感。而老師更是學生之間的橋樑，在學生還不能自在使用目標語言的情況下，老師會擔負起開啟對話的工作，待學生有一定的程度之後，才放手讓學生們相互交流。種種做法都是以不讓學生感到恐懼為前提。話雖如此，情緒解放法的老師卻不是教學的附屬，而是一個主事者，雖然學生的情緒是教學的一大導向，但環境的佈置、氣氛的營造都是經由老師一手來完成與引導。而且，情緒解放法相信給予學生安全感也是一種愉快的學習經驗，而安全感的來源即是對老師的信賴與尊重。老師要讓學生產生快樂的學習經驗，突破自己的限制，減少懷疑與焦慮。情緒解放法確信在這種充

滿安全感的情境下，更可以激發學生自動與正向的學習態度。

三、技能方面——課堂教學活動

　　現在讓我們來看看怎樣的教學活動可以兼顧學習效率與學生的情感需求。

1.潛移默化

　　情緒解放法很注重隨時隨地催眠學生的潛意識，讓他們感受到正面的訊息，並在不知不覺中吸收。因此，從佈置一個舒適環境，到貼上與教學相關的海報，選擇優美的音樂，都是無時無刻、自然而然地灌輸學生正面思想。而在意識方面，老師更是直接鼓勵學生，傳遞「你很優秀」的訊息。這些看似與教學相關性不高的設計與安排，卻正是情緒解放法要利用學生全部的心智力量來幫助學習的重要方法之一（參見圖 1.7）。

圖 1.7　情緒解放法

2.重新命名、角色扮演

　　以目標語言為學生起個新名字，為的就是讓學生有一種「以前種種

譬如昨日死」的全新感覺，拋棄過去的舊經驗，重新營造一種新的學習體驗。甚至當學生犯了錯時，也可以減低其心理壓力，沒有舊有的學習包袱束縛。角色扮演也有一點這樣的意味，學生可以挑選自己喜愛的職業、角色、甚至是裝扮，以一個從未體驗過的身分進行發言。

3. 老師在課堂上進行教材唸讀時採用的活動分為第一階段音樂（主動接收），以及第二階段音樂（被動聆聽）

第一階段的接收基本上分為兩段。首先，老師先發下有學生母語及目標語言對照的教材講義並介紹其內容、相關的句型、對話與文法等教學重點。接著由老師以學生母語唸讀文本，然後再以目標語言朗讀一遍。接下來，老師開始將音樂的元素加入課程。老師先播放音樂，讓學生沉浸在旋律中，然後老師開始配合音樂調整語調，以緩慢但戲劇化且富含情感的方式朗讀對話內容。通常老師會挑選浪漫時期早期的古典音樂，取其優美的特性來融入語言教學，在聆聽音樂的同時，學生會聽到老師的聲調隨著音樂產生高低起伏。經過第一階段老師的帶領後，進展到第二階段時，學生就不再看著講義，而是直接聆聽老師以正常速度朗讀教材內容。第二階段中，音樂依舊存在，只是改為前古典主義時期（或稱巴洛克時期）較為華麗的音樂。老師在音樂聲中坐著朗讀，但不再配合音樂的高低起伏，而是依照對話情節內容以正常速度朗讀。當音樂結束後，課程也隨即結束。

4. 帶有情感的唸讀

在閱讀時要求學生加入各種情緒唸讀。學生可以分組，或單獨一人，以各種情緒閱讀故事。例如，先開心的唸一次，再生氣的唸一次，接著悲傷的再唸一次。

5. 各種創意活動

所有能讓學生學習新教材，並喜愛使用語言的方式，都是可以進行的活動。因此，舉凡唱歌、跳舞、戲劇、遊戲、韻文、唸讀……等活動

都是可以使用的方式，只要不讓學生拘泥於語言的形式而盡情使用語言溝通即可。

6.作業

重視潛意識與意識學習的情緒解放法利用這些觀念設計教學配套活動，作業的編排上要求學生在晚上睡覺前和早上一起床後的時間再唸一次上過課的對話。教學者相信，在這些時刻，意識與潛意識的界線最為模糊不明，是學習最好的時機。

 反思與影響

情緒解放法中重視「人」的觀念已經漸漸引起了語言教學者的注意。但我們還需要思考一點，這樣開放的、重視情感表達的教學法是不是適合每一年齡階層或不同文化的學生？若在兒童英語的教室中實施，因為孩童比較勇於嘗試、容易接納新事物，已經符合情緒解放法「去除恐懼心理」的重要前提，再加上美妙的音樂、繽紛的色彩佈置，和溫暖和諧的氣氛，應該是有利於教學成效的。相對來說，成人外語學習的相關理論也證實，成人受過去學習經驗的影響，對外語學習的方式可能已經產生特定期望，猛然換成和他們期望差異大的學習方式可能造成反效果。由此可知，即使是同一套教學法，面對不同年齡、不同需求與文化的學習者，都需要再經過修正，才能調配出最符合真正教學需要的處方。

1.6　團體語言學習法（community language learning）

 理論背景

前面提到情緒解放法與團體語言學習法都是屬於情意人文教學觀（affective-humanistic approach）的產物，更進一步的說也是一種「全人教

學法」（whole person approach）。全人指的就是整個人，包含身、心、靈的完整。在教學時，老師可以發現學生的問題有時是來自於對學習的恐懼，怕被別人嘲笑，怕自己不夠好，這些負面的想法往往讓學習的腳步遲緩，也減損學生的自信心，降低學習成效。這時候老師不僅要擔負起語言教學的角色，更必須提供「心理諮詢」的協助並顧及到學生在學習過程中的感覺與情緒。這不是說老師必須與學生進行心理治療，而是在教學以外，老師也要了解學生的情緒，幫助他們紓解緊張的心理，強化他們的信心；有趣的是通常進入團體語言學習法教室的學生以成人居多。但究竟團體語言學習法與情緒解放教學法有什麼不同？讓我們一同比較兩者在教學概念上的異同之處。

 教學重點提示

一、認知方面——教學概念要點

　　既然稱作團體語言學習法，想當然爾，必定是利用團體的力量來協助教學；而以目標語言溝通日常需求，則是團體語言學習法的教學目標之一。課程一開始，老師會先幫學生們互相連絡感情，經由彼此的交談、溝通建立一個團體的感覺基礎。老師也會解說課程內容，減少學生對於未知課程的恐懼。特別的是，當老師進行這些活動時是站在學生的背後，因為教學者認為這樣可以減輕學生一直面對老師的壓力，更可以增進同學間互動的機會。當活動進行時，老師會講解所需要的時間，並用母語解釋一次學生該做的事項，讓學生知道應該在何時完成活動；在活動進行時，只要學生需要，多聽幾次錄音帶或老師唸讀，都是可以要求的事。這些詳細的解說與活動過程，都是為了讓學生覺得有安全感，在無慮的狀態下學習。學生甚至可以自己決定上課內容，因為團體語言學習法學者相信，當教材是由學習者自己挑選編排時，更可以增進學習的動機與興致。具體說來，在團體語言學習法課程早期，是由學生提供或準備教

材內容，讓學生根據本身的程度決定能產出多少目標語言，以減輕對未知語言的恐懼。之後，當學生漸入佳境，再由老師加入特定的教學內容或教科書。

此外，在教學過程中，學生會輪流發表自己的學習經驗，一來可以聯絡彼此感情，並增加使用語言的機會；二來，可以建立一種團體感。在團體中，不論是誰發言，都會被大家接受，因為每個人都是獨一無二的個體，每個人都應該感受到被接納的氣氛，減輕防衛心，減少學習過程產生的威脅感並享受安全感。進一步地，老師必須了解學生所說的話語，真心地傾聽與接納，扮演一個輔導者、諮詢者的角色，而不只是提建議；老師必須重視學生的學習經驗，並找出幫助學習的方法。

在進行活動時，根據活動性質老師會讓學生坐成圓形或半圓形等不同排列，因為老師有責任讓每個學生看得清楚且坐得舒服。舉例來說，在錄音時，學生會坐成一圈，以方便每個人操作機器。當老師在黑板寫下對話時，學生則改坐成利於看到黑板內容的半圓形。此外，在聽錄音帶做翻譯活動時，老師就會讓學生以母語就所聽到的進行翻譯。在這項活動裡，母語是知與未知的橋樑，能讓學生清楚課程內容，於是老師會在這樣的時機運用。當然，更多時候是學生自己選擇想要練習的句子，或是靜靜地思考，或是聆聽老師的唸讀。這些活動的安排都是希望學生成為課堂的主體，為自己的學習負起責任。當學生在語言上有了錯誤，老師會重複說一次正確的用法，以喚起學生注意，但不會強迫學生立即做出改正或反應（參見圖 1.8）。

圖 1.8　團體語言學習法

　　當老師需要評量學生時，即使是採用可能帶來分數壓力的紙筆測驗，老師也會考慮學生是否有足夠時間準備。而測驗的內容偏向多元融合的整合性考題，例如請學生寫一篇文章或是請學生與老師對談，不偏重特定語言能力的單向技能或語言知識性考題，學生能活用語言才是評量的重點。當然，老師也可以請學生自評，為自己的學習打分數，檢視自己進步的幅度。

二、情意方面——師生互動、學生情緒

　　學生的情緒在團體語言學習法也非常受重視，透過分享、傾聽，表達彼此的了解與關懷，提供安全的感受，是團體語言學習法的一大特點。各種活動的設計與解說，也都是繞著這個原則進行。同儕之間的互動也隨著不同的活動有所改變，有時整個活動都是學生主導，有時又是依據

老師的指導而獨立作業。從一開始當學生的電腦家教（human computer），到後來放手讓學生獨立作業，師生兩者都是教室的主人，都有權利決定課程的進行方式。只要能讓學習以一種安全愉悅的方式進行即可，團體語言學習法可以說是一種師生互助合作精神的表現。

三、技能方面——課堂教學活動

雖然團體語言學習法的教學原則聽起來很特別，很照顧每位學生，但其實我們接下來要提到的教學技巧，也許不少人已經耳熟能詳。因此如何讓這些既有的教學活動變得更人性化，更貼近學生的需求與情感，將是活動設計的重點。

1.錄音

團體語言學習法重視學生能以目標語言溝通，同時必須兼顧到學生的情感，不可操之過急而壞了學生學習的胃口。因此剛開始當學生程度較低時，可以用母語溝通，漸漸地再加入目標語言，當遇到不會說的字時也可用手勢帶過。之後老師再將學生的對話內容翻譯成適合學生程度的目標語言，由學生跟著唸並一段一段地錄音起來，讓學生有一份屬於自己的、以目標語言發音的紀錄。因為這段對話是根據學生原先溝通過的對話做翻譯，在熟知內容的情況下，學生不但可以對照學習，也可以聽聽自己使用目標語言的發音及腔調。

2.聆聽

學生可以很輕鬆地聽自己的錄音，或是以舒服的姿勢聽老師唸讀；或是當老師唸讀時，學生不出聲，只是用嘴型跟著默唸。

3.翻譯謄寫

每位學生都可以將自己想說的話用母語表達，老師再翻譯成目標語言並寫在母語下面，讓學生抄寫。若要求學生抄在海報紙上，稍後這項成果就可以貼在教室讓其他學生瀏覽欣賞。

4.經驗分享

在課程進行的不同階段，老師會讓學生發表感想，以抒發自己對語言學習的觀感。這些發言是為了提供機會讓學生去使用其所學習的語言、思考自己的學習經驗，並和團體中的其他人分享彼此的經驗歷程。

5.電腦家教（human computer）

利用剛剛抄寫的對話，學生可以挑選他想重複的段落，要求老師一次次覆誦。但老師並不糾正學生的發音或任何錯誤，只是要讓學生透過模仿老師的覆誦，主動地去分辨自己與老師的不同，進而自我修正。

6.小組活動

小組內部可以運用學到的單字造句，並與其他各組分享，之後再兩兩一組，練習如何用連接詞串聯不同的動詞。這只是其中一種模式，當然還有其他各種利用小組進行的活動。小組活動的精神在於利用同儕的力量，增加練習的機會，從他人身上學習，並增進彼此的了解，達到透過團體學習語言的目標。

 反思與影響

從這些活動，不難看出全人教育重視「人」的態度，而因應人類無窮盡的創意與彈性，各式各樣的教學法也於焉產生。但是團體語言學習法多用在成人語言學習，若是運用在兒童語言學習上，教材產出以及班級經營必然是重要的考量因素，畢竟孩子的自制力與認知能力都不如成人成熟，可能無法像成人學習者一樣清楚了解自己想要學習的東西。但這種重視人本精神所帶來的愉悅感受，在任何教室都應該是一項利多的教學因素，不妨一試。

第 2 章　從重理解語言的教學法到重溝通語言的教學法（from comprehension approach to communicative approach）

2.1　肢體回應教學法（total physical response）

理論背景

　　之前所提的教學法，多從「灌輸」的角度切入，有不斷練習句型的聽說教學法，有利用情感心理因素引入學習的人本教學法等。這章我們要提的是另一種重視理解的教學法（comprehension approach）。舉例來說，想要從銀行裡領出錢，必須先存錢在銀行裡；如果要得到豐碩的利息，還必須經過一段時間的儲蓄。換到語言學習的場景，想讓學生從大腦提領字彙、句型和文法，老師是不是應該先為學生存夠本錢，衍生利息，才能提領出豐碩的成果。想想嬰兒學習語言的過程，剛開始身邊的大人不斷地對嬰兒說話，等到時機成熟，一連串字句就會由嬰兒口中慢慢被吐露出來，再經過練習，就變成流暢的語言能力。

　　基於理解教學法的理念，許多教學法也被衍生出來，如 Krashen 和 Terrell 的自然教學法（natural approach）和接下來要提的肢體回應教學法（total physical response）。在正式介紹肢體回應法前，我們要特別提及自然教學法。自然教學法和第一章介紹的直接教學法有些許相似之處。自然教學法重視讓學生經由有意義的、有目的的方式接觸目標語言，例如聽老師說故事，配合圖片增進理解，吸收字彙與句型。重點在於老師該使用「i＋1」的原則來決定表達語言的深淺：i 指的是學生本身已具備的程度，然後老師再加深「一」點點，利用學生已有的基礎，讓學習具有挑戰性。在此，我們必須利用「情感過濾器」（affective filter）的概念來

説明 i + 1 的概念。所謂情感過濾器是指因為負面情緒而引起的學習阻礙，如果學生產生無趣、焦慮，甚至恐懼的情緒，都可能對學習成效帶來負面的影響。從情感過濾器的觀點來看，i + 1 的課程設計最能提供「有點難又不會太難」的學習效果。如果教材太簡單，對學生是索然無味又失去意義的學習；如果太難，則使學生緊張，提高他們的情感過濾器，過濾掉許多可理解輸入的進入，適得其反。因此適當的難度，是促進理解的教學重點。延續自然教學法的重點，肢體回應法也強調在教學中應該降低學生的情感過濾器，他們認為由老師下指令、學生做動作，是降低情感過濾器的最好方法。

 教學重點提示

一、認知方面——教學概念要點

　　肢體回應法認為學習應該是讓學生享受以目標語言溝通的過程，過多的壓力對於學習會造成負面的影響。在課堂上，老師以目標語言下達指令，如 Stand up./Sit down./Point to the door. 並和學生一起做出動作，透過實際的行動讓學生了解意義，肢體回應法認為當學生動起來，不僅可以讓學生玩樂其中，更可以帶動平常學語言時較少用到的右腦，利用兩邊的大腦同時學習，讓記憶更深刻，學習更有趣。要注意的是，給予指令時，老師是以完整的詞組（chunk）為單位，透過動作直接解釋，而不是逐字地翻譯解釋。學生的工作就是跟著老師的指示做，但未必要開口覆誦，因為肢體回應法認為學生應該先對目標語言有一番理解，之後再開始進行產出（output）的訓練。透過老師迅速地給予各項指令，學生等於是透過肢體進行記憶的工作，不同於把字彙攤開來背誦，肢體回應法更強調打亂指令順序，讓學生真實去理解詞彙，而不記憶動作彼此之間的順序。舉例來說，有的學生可能經過幾次練習後就可以記住以下動作的順序：Come here, sit down, stand up and leave. 如果老師調動次序要求學生

再做一次，就可立即知道學生是否真正學會這些指令。肢體回應教學法會避免強記的情況，以打亂次序的方法，透過肢體動作，讓學生理解而不是死記。

當學生熟練指令與回應後，老師才會再介紹新的教材，或是將剛剛所學融合成新的指令。循序漸進可以讓學生感到熟悉與安全，減輕學習的焦慮。為了利用學習樂趣強化效益，老師有時會給一些看似荒謬的指令，博得全班一笑，例如「跳到椅子上」、「黏在黑板上」。可以想見，這些乍聽令人錯愕的指令，會讓學生留下更深刻的印象。要注意的是，當老師教導新的指令時，可以運用母語來幫助學生了解，但是之後，學生就必須從動作表現中去學習與複習目標語言。透過大量的聽和動作回應，肢體回應法期望教出能以目標語言溝通的學生，因而目標語言的日常生活對話是學生學習目標語言文化的教材來源（參見圖 2.1）。

圖 2.1　肢體回應教學法

在肢體回應法中，錯誤是可預期、應該容忍的學習過程。在語言學

習之初當學生做錯動作時，老師並不會嚴厲斥責，因為過多的焦慮只會降低學習的興致。相反地，老師會將學生較嚴重的錯誤再説一次，並配合動作，讓學生了解口令的意義，以耐心的態度提供再次學習的機會，並等待學生的程度較好時，才開始訂正其較細節的錯誤。

在活動進行時，學生可以透過動作的呈現，看看自己是否與他人不同，做一番自我評估。對老師而言，觀察學生的肢體呈現更是直接的評量方式，能正確做出指令動作的學生想必也能理解老師的指令。

二、情意方面——師生互動、學生情緒

在課程剛開始，大多數的學生都還不會説目標語言，老師也不會強迫他們發言。因此老師是一切活動的指引者，既要帶領全班做動作、提供示範，同時也要關注每位學生的進展；而學生此時唯一的工作就是以動作或其他方式回應老師，同儕之間也會透過觀察彼此的動作來了解老師説的意思。慢慢地，當其中幾個學生開始能使用目標語言後，老師的主導角色會逐漸轉換到學生身上，讓可以利用目標語言的學生帶領班上的活動，老師則和其他學生一起回應指示。

因為肢體回應法注重減輕學生的學習壓力，不讓負面情緒降低學習效益，因此學生不會被強迫開口，除非他們覺得自己已經準備好了，否則在此之前，他們只要以肢體來表達自己的意思即可。不僅僅減緩學生的緊張而已，肢體回應法甚至會積極提供學生上課的樂趣，例如下一些很搞笑的指令，讓全班在哄堂大笑中學習語言。這些成功與低焦慮的學習經驗都是肢體回應法的重點。

三、技能方面——課堂教學活動

1.下達指令

在前面我們一直提到肢體回應法是利用指令和肢體的回應進行學習。老師在上課前就應該想好課程內容，以便在課堂上讓學生能流暢而

有目的地演練，絕對不是亂槍打鳥，讓學生跑跑跳跳而已。首先，老師必須先澄清指令的意義，利用動作帶領學生一起體驗詞彙的意思。之後才開始由老師下達指令，讓學生獨立操作，經由反覆地練習熟記字彙。在進行這個活動時，要記得不可操之過急，以免讓學生感到緊張而放棄學習。適當的分量、適當的節奏都是讓指令成功的因素。

2. 角色互換

當學生清楚每個指令並準備好可以開口表達時，就可以換學生來下達指令，讓老師和尚未準備好的學生演練。

3. 連續動作

當學生學到越來越多的字彙後，老師可以將這些指令串起來，連續下達多個指令讓學生練習，生活中許多活動都可以拆解成更小的動作讓學生練習。舉例來說，老師以「逛街」為題，可以下達如「走到街上」、「到處逛逛」、「試穿衣服」、「與朋友討論」、「結帳」等指令，一來讓學生融會貫通，二來可以融入生活議題，讓學生經過這些細部的分解動作，學習生活用語，因為能以目標語言溝通生活所需也正是肢體回應法的目標。

 反思與影響

在臺灣的英語課堂中常把肢體回應法和帶動唱混為一談，有的補習班讓老師在學生前面帶動唱類似 Head, Shoulders, Knees And Toes 的兒歌便宣稱使用了肢體回應法。其實肢體回應法的主要表徵為：一、使用命令句型帶動動作；二、命令句中的動詞是學生日常生活中常會聽到的動詞或動詞片語。肢體回應法主要是模仿嬰孩時期，大人對小孩說話的方式，如「喝喝」、「走過來」等較簡潔而生活化的對話模式，這種對話模式的優點是因為命令句可以省略主詞,而且大部分皆不需要受詞或補語，透過較短的句子學習可以減輕學習者的負擔。聽者只要透過觀察發令者

的動作、手勢、表情即可理解意思，不需分析句型，減少轉碼時間。學習者可以將大部分的精力運用於理解上，這也説明為何肢體回應法為強調理解的教學法。而且透過下達命令句，教師可以輕易檢視學生的理解度，這也是肢體回應法特殊的評量方式，簡易有效。因此希望老師們在使用肢體回應法時，應該注意此教學法的主要精神，發揮肢體回應法最大的教學效益。

2.2　溝通式教學法（communicative language teaching）

 理論背景

　　從傳統教學法、人本教學法到理解式教學法，語言教學的目的由文法與單字的教學到理解與溝通。但是所謂真正的溝通是不是只包含目標語言的語言知識而已呢？這個問題到了 1970 年代，由 Wilkins（1976）提出不同的看法，他認為用來溝通的語言除了句子的結構外，還包含了情境與目的性。這項看法造就了 1970 年代後期到 1980 年代早期，溝通式教學法的誕生。溝通式教學法認為當兩種語言進行交流時，除了所需的文法字彙語言能力（linguistic competence）之外，能夠配合情境和需求正確去使用語言才具有真正的溝通能力（communicative competence）。例如在餐廳和參加畢業典禮的用語及説話語氣便可能有所不同；又同樣一句話，以疑問句或肯定句表達，也會有不同的意思。誰和誰在對談、談些什麼、交談的目的等因素都會影響用字遣詞和語言的功能，這些面向在教學時也應該特別注意，這些我們將在下面的教學概念做更具體的介紹。

 教學重點提示

一、認知方面——教學概念要點

和以往教學法一樣，溝通式教學法同樣是要教出能以目標語言溝通的學生；但不同的是，溝通式教學法特別指出學生需要學習三方面的知識：語言形式（linguistic forms）、代表的意義（meanings）和其功能（functions）。學生們應該知道各種形式的句法所代表的意義，並能在適當的時機選用，例如：若要請求協助，朋友之間可能用到祈使句；但面對陌生人時，我們則改用疑問句。這些都被視為溝通能力的一部分。溝通能力在這裡被視為一種不斷因時制宜的語言選擇過程，而不僅是死板板的知識。這不是說溝通式教學法的學生只學習聽、說的能力，實際上從一開始，學生聽、說、讀、寫四種能力的訓練就齊頭並進，因為語言的功能（function）遠比語言的形式（form）重要。在溝通式教學法，甚至有語言功能大綱（functional syllabus）來檢核學生學習的內容可以達到哪些向度的需求。因應這樣的教學目標，溝通式教學法的教材會盡量貼近生活的原貌，文化的議題也是盡量與目標語言的日常生活息息相關，例如老師可以從報紙取材，不會因為教學所需而特意去修改或編寫教材。

學生從這些教材中不僅是要學到在不同情境的語言用法，更是要學到如何組織運用這些語料，所以溝通式教學法有許多活動都是為了能因應實際溝通而設計。進行活動時，老師會注意到如何創造更多時機讓學生參與討論，其中解決問題（problem-solving）是一項很常被指派的任務。經由解決生活上的問題，如詢問、邀請等，學習者學到如何用目標語言與人溝通協商和交換意見，這些活動的共同教學重點就是「資訊鴻溝」（information gap）的存在以及假設和回饋。「資訊鴻溝」是指存在於溝通者之間的未知資訊，通常這些未知資訊可以利用以下常見的 5W1H 來引出：何時（when）、何地（where）、何人（who）、何事（what）、為何（why），以及如何（how）。因為「資訊鴻溝」的存在，溝通者必須提供一些線索讓對方透過語言去猜測並做出假設，之後再由另一方提供對此語言假設的回饋，看看先前的假設是對或是錯，是否需要進行再溝通與討論。這

樣的溝通模式其實就是生活中真實且有目的的人際應對，可以真正提升學生的溝通能力。因此老師可以設計各種情境讓學生練習具有「資訊鴻溝」的溝通練習，例如讓學生模擬點菜：他們必須討論菜色，萬一沒有這道菜該如何處理，如果點到了該如何應答等等，這些都是生活中常見的溝通行為，自然也是溝通式教學法的最佳教材。

除此之外，能達到溝通目的與得到回饋的遊戲也時常出現在溝通式教學。因為溝通式教學法一樣重視學習者的情感，認為愉快的氣氛、安全感的建立都可以讓學習更有效率，因此有意義的溝通式遊戲和同儕的互動回饋也是教學設計的重點。

母語在溝通式教學法裡是可以使用的語言，但是目標語言最好可以在活動進行和講解時即大量使用，因為教室語言其實也是一種生活的情境，透過習慣以目標語言學習也等於是告訴學生目標語言是一種生活上用得到的工具，而不僅是一門學科。正因為目標語言被定位為溝通的工具，因此在評量時，老師不僅會注意學生的語言精確度，也會注意到溝通的流暢度；有時候說得最符合文法的學生未必是流暢的溝通者。若要有更正式的評量，老師也會採取一些生活中會出現的行為來進行評估，例如要求學生寫信或詢問商品價錢等多樣性的生活議題，搭配聽、說、讀、寫四種技能的表達，都可以是老師評量的方式。當學生發生錯誤時，老師會採取暫時忽視的策略；特別是當學生為了流暢表達而錯誤使用某些文法時，老師通常不會打斷學生，讓其完整呈現以期培養出溝通時應有的語感和速度。之後，當學生表達完意見，老師才會回過頭來點出剛剛的錯誤或是額外開闢時段講解。因此即使學生剛開始懂的語言知識不多，仍被鼓勵勇於表達（參見圖 2.2）。

圖 2.2　溝通式教學法

二、情意方面──師生互動、學生情緒

　　溝通式教學法認為,學生在愉悅有安全感的環境中學習可以提升學習效益。此外,如果學生認同目標語言的學習是有意義的,更可以提升學習動機。因此老師可以指引學生以目標語言表達意見並和同學交換想法,透過這些人際交流,讓學生有機會透過他人的回饋修正語言,利用互助合作的機制培養語言使用信心,建立安全感。同儕間的互動可以說是溝通式教學法的重心,大多數的活動設計重心也都放在學生間的互動上,可以是兩人一組、多人一組,甚至是全班性的活動。在這樣的情況下,老師的角色是一個「推動者」,安排活動、設定練習情境、提供示範、解答疑問都是老師的工作,但是真正進行活動的主角還是學生們。

三、技能方面──課堂教學活動

1.真實語料（**authentic materials**）

溝通式教學法是為了幫助語言學習者克服無法轉化經驗於真實情境的困難而生。因此，真實的語料，如新聞、氣象、超市海報、菜單等常被廣泛應用於溝通式教學的課堂上。教材的選用除了要考慮貼近生活的需求，學習者的語言程度也是調整教學的依據。對中高程度的學習者來說，老師可以使用報紙讓學生進行討論、改寫、延伸思考的活動，模擬目標語言人士在生活中閱讀報紙擷取新知的經驗。低程度的學生也可以利用真實語料作為教材，但要挑選內容較簡單、語言結構較基本的材料，如圖文並茂、重點字彙一目了然的菜單、超級市場推銷海報等，這些都是很實用的教材。

2.圖文重組（**unscrambled passage**）

這是訓練學生組織能力的活動。老師可以發給學生一些文章片段或是圖文，再讓學生依照情境和語言需求做組合，不僅可以重組出原來的圖文，甚至在合理的情況下，學生還可以創造出新的組合。以剪報紙為例，活動中學生會拿到裁剪成各句的文章片段，以完成重組成原文的任務。在重組的過程中，除了注意文章的邏輯、詞句的語意之外，學生也必須注意到不同情境下用字和語氣的不同，和其背後真正的涵義，以判斷句子正確的排序。這裡所指的「用字的不同」是例如有時候我們會以「這裡好熱」來代替直接要求「請你幫我開窗好嗎？」。若學生能了解「這裡好熱」的真正意涵其實是間接地希望對方幫忙開窗通風，才可能將這句話接上對的上下文。進行活動時，老師應該引導學生注意到情境與身分對對話的影響，體驗同樣語言在不同時機運用的情形。若要加深活動內容，增加互相溝通的機會，老師可以將學生分組，由其中一位先開頭，提出一個句子或圖片，其他學生則利用「資訊鴻溝」的活動進行推測或討論，拼湊出下一個線索，依此完成任務。這樣一來，活動也可以利用到解決問題（problem-solving）的技巧。這個活動的重點是在整個拼湊的

過程中，學生學習如何利用語言溝通或協商來完成任務。在此活動中學生不僅是學到教材提供的句型與字彙，更重要的是利用與同學的語言交流學習到語言溝通能力（communicative competence）。因此老師設計活動時必須特別注意如何讓大家都有線索可以討論，讓人人有事可做、有話可說、有問題可解決。否則如果有些學生保持緘默或將發言權都推給某一位學生，學習效益則會大打折扣。

3.遊戲

遊戲是因為它的趣味性而在溝通式教學法中被廣泛應用。為了讓遊戲具有教育意義，有三個要點是老師設計活動時應該注意的。首先，必須要有「資訊鴻溝」，引起解決問題和討論的動機；接著，學生必須要有線索去做猜測和討論；最後，學生要能從同儕那裡得到回饋來檢測自己的語言應用是否合適正確。在活動中，學生就是利用這三項要點不斷練習目標語言，而程度高的學習者更應該要能利用問題和同學進行溝通與討論，達到以目標語言溝通的效果。以下是一個小遊戲以供參考：老師先準備許多份兩兩一組的相關圖片，隨機打散後發給學生，讓學生拿著去找出持有圖片另一半的學生。學生只能利用描述圖片和提問來進行配對，不可翻開別人的圖片；如果不是一對就趕快找其他同學詢問，直到找到圖片的另一半才坐下，表示任務達成。

4.角色扮演

在之前提過的情緒解放法中，角色扮演是常出現的活動，其用意在以新身分學習，拋開舊經驗，降低學習焦慮。但在溝通式教學法中，角色扮演的作用是為了讓學生在更多不同情境下扮演不同角色，練習更多樣的情境溝通。老師必須先設定情境，視學生的程度給予條件限制。對程度低的學生可以設定較多條件，將「對象」、「地點」、「話題內容」等情境先交代清楚，縮小練習範圍，讓學生可以集中火力練習焦點語言；程度高的學生則可以讓他們有較多發揮的空間。同樣地，在角色扮演時，

老師應該注意以下三個條件的存在：資訊鴻溝、預測及回饋，以讓學生能在解決問題的過程中實際運用語言，達到有意義的學習。

 反思與影響

在溝通式教學法鼓勵學生盡情溝通的情況下，學生的流暢度或許能獲得改善，但使用語言的精確度卻未必同時受益。因為學生很容易將注意力放在「說了什麼」而非「怎麼說」，尤其當兩個不甚熟稔語言的人進行溝通時，錯誤的文法與句型很可能進入聆聽者的資料庫，造成日後錯誤的語言結構。至此，文法的重要性又再次受到重視。因此，使用溝通式教學法時，必須注意因應學習者的特質和語言使用目的，在「意義導向」（meaning-based）和「文法結構導向」（form-focused）的教學中取得平衡。以臺灣學生來說，因為中文與英文的語言結構不盡相同，如副詞的排列等，進行溝通式教學法時，老師有必要提供更多「文法結構導向」的訓練並給予適切的訂正與回饋，以免學生出現「中介語」（interlanguage）和「石化作用」（fossilization）。所謂中介語是指介於母語和外語之間的一種系統變化和規律發展的過渡語言，通常發生在學習者尚未能純熟使用目標語言時，仍可觀察到母語語法的痕跡。而「石化作用」則指學生在語言學習的過程中遭遇瓶頸，中介語無法持續進步轉換成如目標語言人士般的語言程度。這兩種現象在學生都使用同一種母語的外語教室中特別明顯，因此在以溝通式教學法為主的課堂中，適時加入與主題相關的文法教學應該可以彌補其不足之處，發揮更大的教學效益。

2.3　學科內容語言教學法（content-based instruction）

雖然學科內容語言教學法仍屬於溝通式教學法的範疇，兩者的差異在於教學著重點的不同。學科內容語言教學法除了訓練學生的溝通能力，

更希望學生不只是學習目標語言，而是以目標語言學習新知。Larsen-Freeman（2000, p. 137）將學科內容語言教學法定義為「經由溝通教導知識，而不只是教導學生如何溝通。」因此，我們可以說學科內容語言教學法有雙重教學目標，一是培養溝通能力，二是學習學科知識。

學科內容語言教學法的概念，是利用各種課程和學科的多種面向來和語言學習掛鉤，讓語言學習言之有物，並能在各種情境中練習。Krahnke（1987, p. 65）對於學科內容語言教學法的定義是「在以目標語言教導學科內容或資訊的同時，間接或略直接地教導目標語言」。當然，所有的課程都有它的「學科內容」，例如一般英文課中的文法、發音……也算是一種學科。因此，要特別澄清的是，一般的語言教學是「先語言後學科」，也就是說先設定好這幾堂課要教的語言技能，再去尋找適合的學科內容來搭配；譬如老師先決定了要教時態，再去找蝌蚪的循環生態來設計課程。但是學科內容語言教學法剛好相反，它是先決定要授課的學科內容，再從中去挑選設計會應用到的語言技能，因此學科內容語言教學法可以當作設計單元活動的架構，或是作為外語學校教導非英語學科課程（例如：專業英文 English for Special Purpose）的設計主軸。學科內容語言教學法的概念主要是假設當學習是有意義、符合學習者需求，又可以同時發展多項語言技能時，學習可以更成功。

以實際設計教學活動來說，學科內容語言教學法並非整個課程的重心，而是連接語言和其他學科間學習的橋樑。譬如烹飪課時除了教導學生如何做蛋糕，老師可以多安排一個單元，教學生如何以目標語言購買所需材料、溝通蛋糕製作過程等，在過程中，同儕的互動、文法、單字、食譜撰寫都是可以納進教學的語言學習，但教學的主題仍是繞著烹飪這門學科打轉。以上只是特別抽出一個例子作為學習主題的補充，有些學校是完全以目標語言教導各個學科，這也稱為「沉浸式教學法」（immersion program），在下面將有更多介紹。此外，在目標語言國家，

常有新移民的加入，而針對移民子女的學習課程，除了安排正規學科，學校還會特別提供一些補強活動。比較常見的是，將正規學科的內容抽出來，以較低程度的內容從基礎教起，一來讓學生跟上一般正規課程，二來熟悉目標語言，這種做法正是學科內容語言教學法的落實。

　　有了以上基本概念，下面將介紹更多從學科內容語言教學法衍生出來的教學法，讀者可以看看學科內容語言教學如何以不同的面貌，落實在語言學習的教室中。

2.3.1　沉浸式教學法（immersion program）

　　沉浸式教學法在臺灣的幼稚園是一項熱門招牌，許多家長聽到沉浸式教學法便趨之若鶩。在一般標榜沉浸式教學法的學校中，可以看到許多外籍人士以目標語言和孩子進行互動，讓孩子整天「泡」在這樣的語言環境中；擁戴沉浸式教學法的教育者相信這樣的環境可以幫助學生自然學會目標語言。

　　沉浸式教學法是來自國外教育者面對移民學生時產生的教學靈感。在目標語言國家，為了讓移民學生盡快融入，教學者透過來自學科學習和外在生活環境兩方面大量的語言輸入（input），幫助移民學生盡快培養足夠的語言能力，以適應學校生活和目標語言的文化。其中針對語言能力明顯不足的學生，學校必須提供至少為期一年的補強課程來教導各種語言技能，直到學生具備能回歸正規課程的語言能力。麻州教育部（2003）對沉浸式教學法的定義是「幾乎所有的課程都以目標語言授課，但教學設計與課程安排是以語言學習者的角度為主體。」這就是上面提到的學科內容語言教學法的精神，利用各種學科產生的需求來學習語言。相較於直接讓學習者在普通班與目標語言人士一同上課學習語言，沉浸式教學法強調的是先提供適合學習者程度的語言能力，當他的語言以及學科

實力慢慢累積之後，再將其併入一般的班級中學習。沉浸式教學法相信這樣的輔助，會比學習者直接在全然陌生的語言環境中載浮載沉地學習，來得更有幫助。

這套做法被移植到外語學習環境後，沉浸式教學法更假設若孩子越早學習目標語言，便越有可能也越早擁有如同目標語言人士的語言能力，出現語碼轉換（code switch）的情況也越少。但即使是在目標語言國家，一般認為能得到沉浸式教學法最大效益的，還是那些在家中或朋友間可以一起使用目標語言的學習者，否則一曝十寒也難收成效。而在臺灣，沉浸式教學法通常只是一種片段的學習（例如：美國學校），出了學校，學生接觸到的還是他們自己的母語，因此如何在外語學習環境中真正有效實施沉浸式教學法也是一大問題。

此外，有人認為單純以目標語言人士學習目標語言的角度切入，並不足以涵蓋外語學習者學習目標語言的需求；因為學習者對語言的認識不如目標語言人士那麼深，而模擬移民學生在目標語言國家學習的過程也不夠完整。因此，沉浸式教學法未必等同於第一語言的學習過程；更重要的是，如果在語料缺乏的外語學習環境實施沉浸式教學法，效果可能無法如預期那樣有效。這時候，若能適時加入一些輔助的教學元素，如學習策略、母語的解說或是適合外語學習的教學活動，或許可以將沉浸式教學法調整為適合本國教學環境的配方（參見圖 2.3）。

圖 2.3　沉浸式教學法

2.3.2　全語言教學法（whole language）

　　全語言教學法是 1990 年代開始出現的語言教學法，其目的主要在改進語文教學，特別是閱讀教學。全語言教學法的興起來自於「整體主義」（holism）。相對於行為主義認為所有行為可分解為刺激與反應的概念，整體主義認為這種過於簡單的解釋並不完備；整體主義認為在學習中必須要關照到一個人心智的整體，才能完整地了解學習過程。除了整體主義，語言學家和教育學者的看法也對全語言教學法有重大的影響。例如全語言之父 Goodman（1967）認為閱讀是一種「心理語言的猜測遊戲」（psycholinguistic guessing game），經由字形（graphophonemic）、語義（semantic）和句法（syntactic）的線索來建立語言辨識的關聯性。而這些理論引發了全語言教學者的靈感：首先，閱讀這種並非天賦的語言能力成為全語言教學法的主要教學重心；此外，全語言教學者認為語言學習應該加入更多的體驗，以及多接觸目標語言的經驗，而不是只靠分析結

構和上課。至此，全語言教學法略有分支，有一派贊成以語音覺識（phonological awareness）教導單字的形與音，達到有意義學習單字的目的；另一派基於整體主義的概念，則不太熱中語音覺識，認為過度分解單字，反而忽略全文的意義，因此在這一派教學者中，語音覺識通常是出現在比較長短音或聲韻時。

全語言教學法主要是利用認識生活中大量出現的文字，來了解字義並做文本閱讀，而不是以教科書教閱讀的傳統模式，並輔以語音覺識的概念協助教學。在溝通式教學法中，聽、說、讀、寫被視為獨立的四種技能，但到了全語言教學法，則認為語言是一個整體的概念。但是關於全語言教學法的教學理念則是眾說紛紜，不同的擁戴者會有不同的看法，但大致上，全語言教學法包含以下的基本教學理念：

1.鼓勵閱讀與寫作

全語言教學法重視有意義的閱讀活動，不僅在教學中以語音覺識指導拼讀與寫作，重視高頻率單字的辨識，也會利用各種閱讀方式引導學生。例如分享閱讀、引導式閱讀都是全語言教學法中常見的活動，希望學生從閱讀中喜愛閱讀；而當學生能力足夠之後，再進階到獨立閱讀。有了豐富的內涵後，老師會鼓勵學生以寫作表達自我。比較特別的是，雖然全語言教學法重視利用語音覺識拼讀，但卻不會特別加強文法、標點符號、大小寫等閱讀相關知識，因為全語言教學法注重字義的學習，這些沒有直接相關的細節比較不會去額外強調。

2.語文融入

全語言教學法重視在日常生活中學習語文，因此會將語文教學和語言技能融入各個學科，例如數學、社會等。

3.親師合作

全語言教學法鼓勵家長一起參與學生的學習。家長可以到教室讀書給孩子聽，或是做一些分享閱讀的活動。

4. 重視個別差異

根據不同學生的需求與程度，設定不同的教法或挑選不同的教材，例如分階讀本（level book）就是其中一種選擇。

全語言教學法後來遭到不少批評，認為它過於偏頗且容易忽略其他語言技巧的學習，而且這種教學法也未必能真正提升閱讀能力。爾後，出現了平衡式教學法來彌補這樣的缺失。關於平衡式教學法將在第六章介紹。

2.3.3　語言經驗教學法（language experience approach）

Roach Van Allen 早在 1960 年代已經提出語言經驗教學法的概念，利用活動和故事來做閱讀教學，特別是針對閱讀程度較低的學習者。語言經驗教學法是一座可以連接口語語言和書寫語言的橋樑，利用「我手寫我口」的活動，將口語文字化為書面文章。而學習者的自身經驗之所以重要，是因為教學者認為即使是談論同一個主題，不同的經驗可以延伸出不同的看法，寫出不同角度的文章，增加活動的可看性和創造性，而這些創意的來源不假外求，只需要學習者仔細回想自己的經驗即可。此外，因為結合故事與寫作，語言經驗教學法可說是面面俱到，在敘述故事時訓練聽、說能力，在後續活動中又納入讀與寫的元素，提供學習者更全面的語言訓練。另外，語言經驗教學法認為要讓學習有效率，就必須讓學習者認為語言是有意義的。因此，當學生可以用語言說出他自己的想法時，他會真正覺得自己在「用」這項工具。為了讓這項工具發揮效用，透過實際練習可以說是最好的途徑，而且必須是有意義的練習，而不只是機械式的反覆排演。語言經驗教學法的活動正好提供了以口語和文字兩種形式表達自我的機會，讓語言學習真正產生意義與效用。

進行活動時，學習者的經驗常被用來作為引導或延伸的教材，讓故

事更具預測性、關聯性和趣味性。以說故事為例,學習者可以發表已有的經驗,並將故事再做一番書寫練習。因為讀的、寫的、說的,都是與學習者息息相關的議題,語言經驗教學法相信這可以大大提升學習的樂趣與效益。

一般認為語言經驗教學法有以下好處:

1. 同時結合人文與語言學習,特別是讀、寫能力方面的訓練。在聽故事的同時,其實也可以進行聽、說能力的培養。

2. 延伸故事教學的豐富性,結合故事與學習者的經驗來培養寫作的能力。

3. 幫助學習者以書寫文字表達心中的想法。

4. 以學習者為中心的教學觀,讓學習者認識語言和自己想法之間的關聯性與重要性。

在教學現場,可以看到使用語言經驗教學法的老師讓學生說出自己有興趣的主題,再由老師或學生自己寫下來,並利用這份文稿作為後續的閱讀教材。實際的教學流程可能是這樣的:

1. 設計可以讓學生樂於發言的活動,例如記者會、生活分享等,讓學生說說自己喜愛的主題。

2. 當學生發言時,請他以自己的話記錄下來;若是學生能力有所不及,可以由老師或其他學生代為記錄。在過程中,如果學生有文法上的錯誤,老師不需要急著糾正,重點應該放在讓學生盡情以自己的話表達想法。

3. 訂正剛剛完成的文稿,並和學生一起讀一次。老師應該會發現到學生在閱讀自己的手稿時,會比其他閱讀經驗來得輕鬆。

4. 學生的創意應該得到重視。老師可以鼓勵學生將潤飾過的文章加上插圖或製成小書,但這個步驟可能比較受較年幼的學習者的青睞(參見圖 2.4)。

圖 2.4　語言經驗教學法

在 1960 年代，Roach Van Allen 提出語言經驗教學法時，即附上一小段文字簡述語言經驗教學法的教學理念：

我能說出我想的。（What I can think about, I can talk about.）

我能寫出我說的。（What I can say, I can write.）

我能讀出我寫的。（What I can write, I can read.）

我能讀出我自己寫的，也能讀出別人寫的。（I can read what I can write and what other people can write for me to read.）

第 3 章　以學習者為導向的語言教學法
（learner-based approach）

　　前兩個章節提供許多重要的、或是目前較普遍使用的教學法。在教學現場，除了有一套適合老師自己的教學，還有很多其他的概念都是有利的輔助因素。這章要介紹的即是可以應用在教室中的三種教學觀——多元智慧、合作學習和學習策略。我們可以注意到，前面教學法的產生通常是針對前一個教學法的反思或批評而提出，往往從理念到實際應用都有所翻新。但在第三章的這三種教學理論，則是以輔助的角色出現在語言學習中，它們可以融入前面提到的教學法，提高學習者的學習效益。

3.1　多元智慧（multiple intelligences）

　　以往大多以單獨數理推理的智力測驗判定一個人的智慧高下，目前則以多元智慧的概念較為被普遍接受。早在 1974 年，Hatch 已將學習者分為「資料蒐集者」（data-gatherer）和「規則建立者」（rule-former）。他認為在語言學習方面，資料蒐集者較能流暢地表達，但容易有不精確的缺點；規則建立者則是比較不會犯語法上的錯誤，但表達較不流暢。而這只是粗略的分法，在教室裡，相信很多老師可以發現，不同的學生會有不同的吸收方法，這樣多元的吸收知識的方法，到了 Gardner（1983）才提出更完整的多元智慧理論。倡導多元智慧的主因，是研究者認為學習者與生俱來不同的智慧，因此每個人都有不同的學習方式。如果老師只用一種方法授課，則永遠只有一種智慧可以發揮效用。以臺灣來說，傳統上老師多以黑板書寫，輔以口頭說明，這樣一來就只有運用到語言智慧，而未必能達到最好或最全面的教學效果。其次，教學應該是一個過程，而不僅是一項成果。在學習中，各種能力的培養都是均衡學習、開

發潛能的過程，因此採用多元智慧概念可以開發不同的智慧能力，讓每個學生的學習適得其所。再者，過去偏向以單一學科成就判定一個人的智商高下，例如傳統的智力測驗是以數理能力來將學生「分類」，因此容易讓學習貼上「高」或「低」的標籤。為了打破這樣的迷思，不讓學生因為某一科的能力低落而「一竿子打翻一船人」，多元智慧強調沒有人是特別愚笨或聰明，只是每個人的學習模式與取向有所不同。因此多元智慧不僅是用來教導學習，更是要教導學生重視並珍視自我具備的潛能，尊重他人與自己的差異。

　　Gardner 將人類的智慧，或說是學習潛力，分為九大類。這九大類智慧普遍存在於人群之中，有些人很明確的知道自己的潛能，有些人則不。Gardner 認為一般人身上或多或少都有這九種智慧，只要經過適當的引導，這些智慧都可以發揮到一定的水準。這九大類智慧，是逐漸被開發出來的，因此每過幾年，也許就會有新的發現。若參考市面上的書籍，可以看到內容與時並進。目前較廣為人知的有其中八種：

　　1. 數理邏輯智慧：能有效運用數字和推理的能力。

　　2. 語言智慧：能有效運用語言──口語或書寫──的能力。

　　3. 空間智慧：能敏銳覺知有關空間的概念，如形狀、大小、顏色等，或善於創造心智圖像。

　　4. 肢體智慧：能善用肢體表達自我，或運用肢體靈巧創造形體。

　　5. 音樂智慧：能敏銳辨識音樂，如音高、旋律，並善於使用音樂表達自我。

　　6. 人際智慧：能敏感觀察人的臉部表情、聲音和動作，並察覺、分辨他人的情緒和感受。

　　7. 內省智慧：能了解自我，自我規範。

　　8. 自然觀察者智慧：能敏銳察知並分辨自然環境與生物。

　　有人認為第九種智慧──存在智慧──是第「八個半」智慧，因為

還在確認與研究的階段，因此沒有正式加入多元智慧的名單。基本上，存在智慧指的是對生命的關心，類似生命教育的內涵，例如和生死、心理、命運相關的議題，都是存在智慧關心的話題。

　　若將多元智慧的概念運用到語言學習上，老師可以針對具備不同學習潛能的學生設計各種活動，利用學生熟知的智慧有效學習，或是培養尚未開發的潛能。目前與語言學習較為相關的是上面提到的八種智慧。在語言學習方面可以實際應用各種智慧的活動為數不少，表 3.1 為整理 Laitta 和 Weakland（2002）在 *The Dramatically Different Classroom* 一書裡提到有關多元智慧課堂活動的範例，以供參考運用。

表 3.1　多元智慧課堂活動範例

多元智慧 種類	課堂活動
數理邏輯 智慧	猜謎、拼圖、重組句子或故事、分類比較、腦力激盪、分析數據、做假設、猜測故事結局、做圖表
語言智慧	做筆記、說故事、辯論、閱讀、文案寫作、字詞聯想（word web）、讀後感想、做書評、學習第二外語
空間智慧	製作圖表、繪畫、服裝設計、製作小書、設計海報、製作模型、製作教具、攝影、心智地圖（mind map）、使用 3D 電腦軟體
肢體智慧	比手畫腳、科學實驗、角色扮演、肢體律動、打手語、戲劇表演、手工藝、運用感官接觸（如：聞一聞、摸一摸）、電腦遊戲、操作工具
音樂智慧	兒歌韻文、Rap、各式音樂的演奏、作曲作詞、組樂團、音樂欣賞、欣賞不同文化的音樂、改寫歌詞
人際智慧	分組活動（特別是小組活動中的領導者）、解決問題、辯論、採訪、合作學習、規劃活動
內省智慧	自我評估、寫日記、探討道德議題、寫自傳、連結作品與個人經驗、記錄思考過程、默讀、擬定計畫
自然觀察 者智慧	戶外參觀、觀察自然現象、記錄顏色大小、栽種植物、觀察不同人種與文化、將自然現象分類、學習生物分類樹狀圖

　　從表中可以看出，有時候同一種活動可以包含多種智慧，如自然觀察者會記錄自然並分類歸納，數理邏輯智慧也同樣擅長分類，但是偏向數理分析；而有些活動可同時分類到其他智慧中，如製作模式可以歸屬空間智慧或肢體智慧。因此，老師在進行同一種活動時，若注意到這些細節內容，可以照顧到更多需求。此外，以上並未提到第九類智慧的相關活動，若老師們對存在智慧有興趣，建議可以結合熱門的星座話題，或是引入生命教育相關的繪本，增加語言學習的選擇，利用不同的資源照顧到更多學習者。

　　有了這些多元智慧的概念，老師可以將它們融入教案，依據學習主題和學生表現出來的特質，設計或挑選適合班上的教學活動，利用學生的天生素質學習語言。除了活動的安排，老師也可以針對不同活動的特性，設計不同的評量方式，取代傳統的紙筆測驗，提升質的評量。

3.2　合作學習（cooperative learning）

　　合作學習是一種教學策略，利用小組的活動讓學生互相學習。在同一組裡，學生的能力有差異，才能各有專長，因此每個人都要貢獻一己之力，截長補短，共同完成作業。在合作學習中，學生要學的不只是學科的功課，更是團隊合作的精神，共同達到預設的學習目標。一般說來，利用合作學習有頗多助益。首先，在相互合作的過程中，每個人獨特的價值得以凸顯並得到尊重；而學生若能對整個團隊做出正面貢獻，自信心便油然而生。有正向的學習經驗才能使學生保持積極的學習態度，進而提升學習成就。除了課業方面的進步，在彼此溝通的過程中，無形中也等於訓練學生的口語發表能力和社交技巧，增進班級互動的機會。

　　若要達到成功的合作學習成效，老師必須事前與學生討論合作學習的益處，讓學生了解為什麼要利用小組幫助學習，避免造成小團體或是

彼此間溝通不良的情形。老師跟學生談論的面向可以包含：

1.合作學習是互相幫助

在合作中，每個人的價值都是獨特的，每個人也都需要付出等同的努力，而這些付出都是小組能順利達成目標的重要因素。但是互相幫助不代表互相依賴，或是只聽某個人的指揮，而是每個人發揮自己的專長。如果大家合作無間，辛苦的代價將是完美的成果；但若是不能合作，那結果必定不如預期。

2.合作學習是彼此的互動

在達到目標的過程中，學生可以學到溝通、解決問題、協商、分配工作、確認彼此想法等技能。既然這些技能是合作學習必備的因素，老師可趁勢和學生討論如何應用這些技巧來幫助自己學得更好。因此，除了上面提到的溝通技巧之外，領導能力、互信、做決議、解決衝突都是可以加入討論的要點。透過這些互動，學生不僅可以得到新知識，更可以連接許多過去與他人的經驗，增加學習的廣度。

當學生了解為何要使用合作學習，老師可以開始進行分組。分組時，基於不同的學習需求，老師可以進行異質或同質分組，或是利用各種隨機的方式產生小組，如抽籤、照號碼順序、男女生分組……等。當然，如果有需要，好朋友同在一組也未嘗不可。小組產生後，學生應該聚在一起訂出共同遵守的規則，規則不需要多，但是要每個人都能認同這是對小組有正面意義的規範。例如，某小組中大多數人是沉默的，這組可能就需要定一條「每個人至少發言一次」的規則；或是有人太愛說話，那就可以規定「當別人說話時，我不打斷。」除了討論小組公約，工作分配應該順便納入討論事項。除了依專長分配每個人的工作，也可嘗試先訂出工作內容，再輪流執行工作，這也能增加組員練習不同性質工作的機會。

當學生在討論或開始在小組內工作時，老師要隨時注意是否一切順

暢，例如小組的人數是否過多？溝通是否得宜？此外，老師可運用一些小技巧來檢測小組運作的成效。當老師巡視各組時，可以抽問小組公約和個人工作，並請小組成員展示工作成果，或分享從其他成員身上學到什麼。每組也可以派出「觀摩員」到各組去參觀比較，而這些隨機觀察都可以記錄下來，作為評量的依據。

　　有了組織小組的基本概念後，便可以動手將合作學習的理念應用到語言學習的課堂上。合作學習適用於靜態與動態的活動。在臺灣的英語教學，最常見的合作活動就是小組競賽或是分組籌備英語戲劇、歌唱，再一一上臺演出。此外，針對英語單字和句子的討論也可以分配到小組中，讓大家集思廣益，會的人教不會的人，不會的人猜猜看，等到有結果後，再上臺發表。這種由學生自己想出來的答案，會比老師直接公佈更令學生印象深刻。同樣的概念可以延伸到閱讀與寫作上，因為閱讀與寫作對於國小學生是比較陌生的領域，學生常常因為不知如何下手而失去嘗試的勇氣，這時候同舟共濟的合作學習就是一種很好的學習機制。例如在寫作教學時，老師可以讓學生做腦力激盪（brainstorm）；閱讀時可以在小組中進行輪唸；練習對話時，小組成員也可以互相演練。雖然小組人數可因應活動內容而做調整，但為了達到良好的合作學習效果，人數不宜過多，至多以五到六人為一組。成功的小組不僅人數恰當，在工作分配上也較完備。一般說來，小組角色的分配大致是這樣的：

　　1. 協助者（facilitator）：協助小組主要工作流程的進行，確保責任均攤且每個人發言的機會均等。

　　2. 記錄者（recorder）：記錄小組討論情形及每個人的發言。在對全班發表時，可將紀錄抄寫於黑板上或發給大家，讓大家一目了然。

　　3. 計時者（timekeeper）：控制每段活動的時間，並提醒組員所剩時間。

　　4. 報告者（reporter）：將小組討論的結果彙整好後，上臺向全班報告。

5.檢查者（checker）：在討論過程中，檢核每個人的發言的正確度與流暢度，或是檢查書面報告的文法與拼字。

6.資料處理者（materials manager）：在討論過程中，將大家蒐集到的資料或需要用到的器材準備齊全，隨時提供小組使用，或是於討論後將資料收好或將器材歸位。

這些不同的工作角色除了可以由固定班底擔綱演出，當學生熟練之後，更可以輪流替換，學習不同的工作性質，也可避免特定學生「專權獨斷」的弊端。若是人數較多或較少，老師則可以和學生討論工作的增減。此外，為了讓學生了解自己角色的責任，老師可以事先討論各種角色的重要性與負責範圍，提供適當的示範。當小組第一次開始工作時，可以先製作簡易的「工作卡」（參見圖 3.1）：將每個角色的名稱寫在紙片上，並列出這個角色的工作範圍和可能用到的工作語言，藉此提醒每個人要把角色扮演好，也利於將來交換工作時，新手有例可循而能夠輕鬆上手。以計時者為例，他可以在紙片上寫下「計時者」，並列出工作內容，如：「我會隨時注意每個活動的時間」、「我會在時間快到的時候提醒大家剩餘時間」。如果還有空間，他還可以寫上一些自己可能用到的句子，例如：「我們只剩五分鐘了，要加快動作才能準時完成！」（We only have five minutes left. Let's see if we can wrap up by then.）這些小卡片可以在每次討論時都拿出來擺在桌上，上面甚至可以讓學生書寫為什麼自己的工作很重要，增加成就感以及彼此觀摩的機會。

Cooperative Group Role Cards

LEADER	RECORDER
Makes sure that every voice is heard Focuses work around the learning task *Sound bites:* • *Let's hear from ____ next."* • *"That's interesting, but let's get back to our task."*	Compiles group members' ideas on collaborative graphic organizer Writes on the board for the whole class to see during the presentation *Sound bites:* • *"I think I heard you say_____; is that right?"* • *"How would you like me to write this?"*
TIME KEEPER	**PRESENTER**
Encourages the group to stay on task Announces when time is halfway through and when time is nearly up *Sound bite:* • *"We only have five minutes left. Let's see if we can wrap up by then."*	Presents the group's finished work to the class *Sound bite:* • *"How would you like this to sound?"*

圖 3.1　合作學習工作卡

資料來源：http://www.readwritethink.org/lesson_images/lesson277/cooperative.pdf

3.3　學習策略（learning strategies）

　　「策略」（strategy）這個字是由古希臘文──strategia 而來，意指統領才能或戰爭的藝術。在特別經過計劃的運動中，策略指的是對於部隊、軍艦的最佳管理統帥（Oxford, 1990）。這樣的字源顯示，「策略」指的是應用在某些情況的方法，特別是指那些需要擬定計畫、步驟以達到目標的情況。在語言學習方面，Oxford（1994）認為所謂的策略是利用特殊的方法操作學習過程，以達成特定的學習目標。總之，策略的存在是為了

解決人們在生活中、工作上或學習上的問題，並完成所需目標。而學習策略就是指那些用來幫助提升學習成效的方法。

　　學習策略牽涉的範圍很廣，從增進記憶的方法、讀書技巧、修正學習模式，甚至到考試應答技巧，都可算是學習策略的範疇。舉例來說，利用聯想或分組背誦增進記憶，就是眾所皆知的記憶技巧；而在課堂上常見的引起動機、課後歸納也可視為有效幫助組織學習的技巧。

　　其中，針對語言學習的策略又有哪些？Nunan（1999）認為學習策略是一種不自覺的心理溝通過程，反之，Oxford（1990）則指出，語言學習策略是學生為了學習語言，有意識地採用的技巧或行為。不論語言學習策略的使用是有意識或無意識的，語言學習策略都可用以指稱那些被學生用來學習第二語言技能的方法或技巧。學習策略對於學習最大的助益，在於使學習者成為一個好的學習者，並使學習更有效率。Jones 等人（1987）發現，有效率的學習者通常能察覺自身的學習歷程，並尋求適當的學習策略以提高學習效果。相同地，O'Malley 與 Chamot（1990）的研究發現，在有效率和較無效率的學習者身上，其中一項差異即是有效率的學習者使用較多的策略。

　　關於學習策略的研究始於 1970 年代，一些研究者發現並非人人都可以在學習方面有所成就，有些人是成功的學習者，有些人則不。因此，研究者想要知道成功的學習者使用了哪些方法。由 Rubin（1975）和 Stern（1975）主導的一項觀察，以「個人特質」、「學習風格」和「學習策略」這三方面的觀點來描述何謂好的語言學習者；之後，又有其他研究者提出 14 條優良學習者的特點（Rubin & Thompson, 1982）。此後，越來越多研究者致力研究何謂「優良的學習者」（Marshall,1989; Rubin & Thompson,1982; Stalling & Kaskowitz,1974; Stevick, 1989）。雖然這些研究討論了許多學習過程中的要素，而非專注於討論學習策略，但這些研究仍然激勵了後來的研究者，繼續探討關於學習策略的議題（Naiman et al.,

1978）。在語言習得的領域將策略分為「學習策略」和「溝通策略」。前者是指如何由他人處接收訊息，後者則是指如何表達意思。在這兩項策略中，許多研究者著重於「學習策略」，特別是語言學習策略。舉例來說，Michael O'Malley, Anna Chamot 和他們的同事（O'Malley et al., 1983, 1985a, 1985b, 1987, 1989; O'Malley & Chamot, 1990; Chamot & O'Malley, 1986, 1987）曾研究美國學習第二語言教室中所使用的學習策略，並將學習策略分為三個項目：「後設認知」、「認知」和「情意」；然而語言學習策略領域中的大師 Oxford（1990）將學習策略分為六項：「記憶」、「認知」、「後設認知」、「補償」、「社會」和「情意」。此外，在最近幾年，許多研究也著眼於學習者如何使用各種策略以強化聽、説、讀、寫的語言能力。就閱讀方面而言，有研究者設定出 47 條不同的閱讀策略（Neil, 1991）。從眾多研究中我們可以發現，越來越多的研究將焦點集中在為特殊目的而產生的學習策略上。1970 年代的研究只是試著描述何謂優良的學習者，時至今日，語言學習策略已經變成學術研究領域中一項專門的科目，而且越來越多的學習策略也開始被應用於課堂中，以幫助學生有效率地學習。以上是關於學習策略的概覽介紹，本書將在第八章針對閱讀策略進行更仔細的討論。

第 4 章　兒童如何學習外語

（how children acquire foreign languages）

4.1　以學習者為中心之重要學習理論

（taking a learner-centered perspective）

　　在眾多教學法中，我們可以察覺「以老師為中心」及「以學習者為中心」兩種模式。例如文法翻譯法是以老師為中心，主導所有教學的走向與內容。但後來教育家開始認為既然學生才是教育的最終目標，教學應該回歸到學習者本身的狀況與需求，以作為教學的依據。因此，以學習者為中心的模式認為教學時，應先理解學生的認知發展及語言能力，再依據其能力來設計活動；而老師的角色也轉變成帶領學生學習的輔助者，不再是教室裡的中心。本章首先探討近代三位重要的心理學家與其教育理念。從他們的理論可了解兒童心理發展的過程討論、認知能力進展的演變過程以及教學中可以給予的協助。不同年紀的學生，其心理成熟度將會影響學習成效；唯有熟知兒童心理發展的過程，才能設計出適合每個時期認知能力的教材。

4.1.1　Jean Piaget（1896—1980）的理論

　　瑞士心理學家 Piaget 最為人所知的就是他的「認知發展理論」（theory of cognitive development），亦是近代認知心理學中的重要理論之一。Piaget 認為兒童是透過與這個世界（指兒童自己眼中的世界）的互動來發展學習能力，而外在環境的刺激可以提供解決問題的機會與想法，產生學習的行動。根據 Piaget 的理論，兒童的認知發展乃循序漸進，依年齡分為四大時期：

1. 感覺運動期（sensorimotor stage）

從出生到兩歲。嬰孩能憑本能的感覺和動作發展基本活動，對物體的認識有恆存性——所謂的恆存性是例如將娃娃藏到毯子下，嬰孩不會因為看不到娃娃，而覺得它不存在。

2. 前運思期（preoperational stage）

約兩歲到七歲。兒童開始使用語言表達自我並能用符號代表實物，但邏輯思考還不精密。有以自我為中心的傾向，偏向主觀思考。

3. 具體運思期（comcrete operational stage）

約七歲到 11 歲。此時的兒童約為國小階段，能根據具體經驗思考較複雜的問題，開始有客觀推理的能力。以語言能力來說，在具體運思期，兒童開始能理解可逆性（reversibility）中「否定」與「對應」的概念，例如，知道肯定句與否定句之間的對應關係。但此時期的兒童思考層面仍較片段，需要具體實物的輔助。

4. 正式運思期（formal operational stage）

約 12 歲到 15 歲的青春期。這個階段的青少年能做抽象的思考，並具有合乎邏輯的推理能力。

Piaget 認為任何心理成長都需要經歷這四個階段，每一個階段都會影響下一個階段，而這四個階段的順序不會改變，但會因為文化和個人成長背景的不同，影響每個階段的時間長短。在認知理論中，「認知能力的成長」被視為決定學習能力的主要條件。符合各個認知階段的學習雖然能協助認知成長，但未必能快速改變該階段的認知結構；而迅速發展的心理成長也未必就是好的成長狀態，因為若沒有在前一個時期打好基礎，就貿然學習下一個階段的知識，孩子在認知上未必能銜接得上，而這樣的情況常被操之過急的家長誤以為是孩子不夠聰明。因此，教材及教法都應該依據不同時期的需求來設計。以英語學習為例，文法是屬於較為抽象的概念，在國小（即具體運思期）就上補習班學習文法的孩子

為數不少，但各人學習成效不一，有時候家長會質疑為何自己的孩子總是無法吸收運用，寫出一百分的考卷。從 Piaget 的認知理論來說，可能是孩子尚未進入具抽象思考能力的正式運思期，因此造成學習上不理想的結果。

此外，Piaget 的認知發展理論中還有一個很重要的觀念——「自我調節理論」（self-regulation）。自我調節是指在學習時如果遇到不能理解的事物時，所採取的兩種「學而後知不足」的認知行為。這兩種行為其一是指「同化」（assimilation），即利用舊有模式與經驗推理，如學習動詞過去式的規則變化，學習者通常會先用同化去套用在所有的動詞，發現無法套用時就會採用第二種行為，即「調適」（accommodation）。調適是指尋找新模式的認知本能，例如小孩子可能先套用過去式動詞的詞尾 ed 並同化到動詞 go 上說 I goed to school，之後發現錯誤再更正為 I went to school. 同化與調適是並存的認知行為，所謂學習就是藉由這兩種作用整合吸收不斷進入腦中的知識，進而改變認知結構，逐漸往下一認知階段前進。將 Piaget 的觀點運用到語言學習上，除了可以解釋前面提到的現象，Cameron（2001）也歸納出兩點看法：一是「兒童是意義創造者」（the child as a sense-maker），他們會將所見所聞融入舊經驗，尋求合理化的解釋與應變之道；反之，老師也可以理解當學生遇到學習困難時，可能是因為對目標語言的經驗不足，無法將所學合理化進而內化的結果。另一點則是「世界提供學習機會」（the world as offering opportunities for learning），既然兒童是經由與其眼中的世界產生互動而學習，若能將他們所要學習的知識融入教學環境的建置中，隨處可見的學習機會必能提升學習效果。

4.1.2　Lev Vygotsky（1896—1934）的理論

與 Piaget 幾乎同時出現的理論是蘇俄的心理學家 Vygotsky。基於對

當時心理學方法論的反思，與馬克思社會歷史觀點的影響，Vygotsky 創造出一套新的心理學觀點。與 Piaget 相比，Vygotsky 更著重於文化與社會這兩項外在因素，認為兒童是活在一個充滿他人世界的主動學習者（Cameron, 2001）。他認為語言是一種工具，幫助兒童打開與世界溝通的大門，促進與他人的交流，擷取、組織並應用外在社會提供的資訊。例如「私語」（private speech）這種兒童在工作或遊戲時與自己對話的現象，就被 Vygotsky 視為組織思想的工具。他認為兒童會吸收外在提供的知識，並轉化成內在語言，再藉著內在語言來導正自己的行為及思考。

　　Vygotsky 的學說中與教學最為息息相關的有以下兩項：

1.近側發展區（**the zone of proximal development，簡稱 ZPD**）

　　以 Vygotsky 的觀點來說，同一時期的知識發展有兩種層次：一是實際發展層次，類似於 Piaget 的認知發展四大時期，是指學習者在該認知階段應該表現出來的能力；另一種是潛在發展層次，這是需要透過他人適當的教學引導，才可以發揮出來的潛在能力。而近側發展區間就是指學習者「目前的認知能力」與「經學習輔助後可達到的潛在能力」這兩者間的差距。因此，近側發展區也屬於學習者的學習能力範圍，但是學習者尚未理解的知識區域。近側發展區有一特性，就是學習者需要外力的協助，如適當的教學引導，才可以將潛在能力提升成可運用的知識；因此，近側發展區是學習與教育最容易發生作用、也最能看出教學成效的區域。這個概念與 Krashen（1982）的 i + 1 理論相似，他認為要建立新知識必須以先前的學習經驗為基礎，而新知識的難度要比學習者現有的能力略高一點，以適當的難度和合理的挑戰刺激學習。

　　Vygotsky 從近側發展區又延伸出「鷹架理論」（scaffolding）的基本觀念。Vygotsky 認為學生在學習過程中會遇到需要他人協助、尚未有能力獨立解決的工作，如果預設的教學目標是「學生能獨立完成任務」，則存在於這兩者中間的地帶即是近側發展區；此時老師的協助就好像是搭建

衔接「需要協助的工作」與「教學目標」的橋樑，而此橋樑便是學生在學習過程中的鷹架。如同大樓完工時，鷹架必須撤離，學習也是一樣；當學生從「不能」過渡到「能」的獨立工作範圍時，就不再需要老師提供的輔助。Vygotsky 的鷹架理論後來被 Bruner 發揚光大，我們將在下面介紹 Bruner 的章節中，進一步說明鷹架理論對教學的影響。

2.社會建構主義（social constructivism）

受到馬克思觀點的影響，Vygotsky 認為社會與文化是對人類學習影響最大的兩項因素,而語言學習也應該發生在社會活動與人際互動之間。因此，在 Vygotsky 的教學理念中，教育的發生應該是透過類似社會活動的組織，透過語言與人互動。今日教育注重的師生互動、小組活動、合作學習……等利用外在團體力量強化學習功效的理念，都深受其影響。

4.1.3　J. S. Bruner（1951—）的理論

Bruner 是著名的認知心理學家及教育家。他主張經由學生主動的發現（即探索新知識）而產生學習，即「發現學習論」（discovery learning），因此他特別重視教材的結構是否能配合學生的認知發展,由簡單到複雜，由具體到抽象，提供思考和解決問題的動機，讓學生透過主動組織整合知識的過程達到學習的效果，並利用自我發現的成就感再次增強學習動機。在 Bruner 發現學習論中，過程的重要性遠勝於結果，在學習過程中所需要的毅力與耐心也被視為學習的一部分。他的理論也為後來的「啟發式教學法」奠定基礎。

概括介紹 Bruner 的教育觀後，我們要進一步介紹與教學息息相關的「鷹架理論」，並解釋其應用於外語教學的例子。根據 Vygotsky（1978）的觀點，所有的學習都與語言及社會互動有關。他認為「所謂『學習』是一種經由心理互動產生輔助的結果，而輔助的來源則是那些更有知識

或能力的人，這些人能夠引導學習者吸收新知。」而這樣的鷹架在符合學習者現有能力與潛在能力（即 ZPD，近側發展區）的情況下，能產生最大效用。Wood, Bruner 和 Ross（1976, p. 98）則指出鷹架是指那些為了幫助學習者完成超出能力範圍的任務，所提供的暫時性輔助措施；而成功的鷹架通常都符合以下幾項要點：⑴幫助學習者在任務裡找到興趣；⑵簡化工作步驟，通常是將大目標分成細部任務；⑶幫助學習者持續往目標前進；⑷指出學習重點所在，並提供其他可能的做法；⑸控制在執行任務時可能產生的失落感；⑹示範最有效的方法。之後，Bruner（1983, p. 60）將 Vygotsky 的鷹架理論發揚光大，又再針對鷹架理論提出更具體的說明，認為它是「一種設定情境的過程，讓孩子成功而簡易地達到目標。」Van Lier（1996, p. 195）則是界定出幾項在教室中適當使用鷹架的優點：首先，重複出現的活動可以營造安全感；其次，對交流互動的重視，讓學習者在過程中獲得表達學習成就的機會；最後，因為有了安全的學習氣氛和雙向交流的對話機制，整個課堂活動將會呈現出和諧且成功的效果。

　　因此，Cameron（2001）認為好的鷹架是以兒童的需求為導向，並引導他們成為更有能力的人。

　　Wood（1998）更是直接建議老師以各種技巧為學生建立學習鷹架：

老師可以協助學生做到的事	實際教學技巧
1. 注意相關細節	(1) 提供建議 (2) 凸顯其特殊性 (3) 提供學習活動
2. 運用有用的策略	(1) 鼓勵重複演練 (2) 組織所學知識
3. 記得整體任務和目標	(1) 提醒 (2) 示範 (3) 提供由部分到整體的活動

以上這些策略都可以當作語言教學的鷹架。其中 Bruner 特別針對語言教學再提出「形式」（formats）和「常規」（routines）這兩項用來搭配鷹架理論的教學策略，而適切地使用這兩項策略可以使輔助者建構的鷹架更有效益。Bruner 最推薦的常規活動是父母為兒童說枕邊故事，而且每次的流程都要一樣，讓兒童習慣成自然。若用在教室裡，這兩項策略在班級經營裡最為常見。假設閱讀故事已經是班級上的常規活動，那麼每次老師都會依循相同的形式定期為全班說故事，使用的語言也盡可能相似如「我們來打開書」、「翻到下一頁」或「用手跟老師一起指」等。這些可預測的對話和流程可以讓學生產生熟悉感，並專心學習。當基礎打好了，老師就可以逐漸加入更複雜的學習元素，例如增加句子的複雜度如「翻到下一頁，請告訴我圖片裡有什麼？」或「用手跟老師一起指，會唸的字可以跟老師一起唸。」當任務越來越複雜，老師就需要利用鷹架提供輔助（如將困難的工作分解成小任務），而鷹架的基礎就是這些兒童已經熟練的「形式」和「常規」。同時，逐漸複雜的語言結構本身也提供兒童可以繼續學習的語言近側發展區，讓學習循序漸進，穩紮穩打。

　　Van Lier（1996）認為鷹架理論與說故事教學的益處相似。在教室中用來教學的故事書通常具有可預測的情節，能夠讓學生一再地複習關鍵字句，雖重複卻不單調。此外，進行故事教學時的氣氛通常是溫暖和諧的，能提供良好的語言互動機制，也鼓勵學生在準備充分的情況下，隨時加入活動。更重要的是，為了提供更和諧的溝通情境，說故事的人在過程中必須「提供適切的鷹架以確保能修正或補足孩子尚未成熟的語言能力，然後再逐步移除鷹架，直到孩子能獨當一面」（Bruner, 1983, p. 60）。而說故事時，聲音與文字的巧妙搭配又能使「聽者與說者的互動自然進行」（Van Lier, 1996, p. 195）。因此，使用故事教學逐步補強語言能力的做法，可以說是鷹架理論在外語教室中的實踐。為了讓鷹架理論能順利執行，Hall（2001, p. 33）提出幾項應該特別注意的教學要點：1. 使學習者

專注於任務； 2.引導學習者注意基本且相關的知識內容； 3.老師示範希望學習者能做到的行為； 4.在過程中，使學習者保持高昂的學習動機。同樣地，當老師以故事教學為孩子搭建語言能力的鷹架時，也應該注意到這四項要點。尤其對於外語學習者來說，協助其以正確的口語表達，以及提供語言以外的線索（如背景知識）來幫助思考，都是老師應當提供的輔助。而學習者則應該能利用這些線索，串連舊經驗與新知識，利用故事書的圖片和重複的句型，來增進對語言的認識。

在這章裡我們提到了幾個重要的教育理論，提供不同角度的教育觀點。其中，針對鷹架理論，本章再以外語故事教學為實例，說明如何實際應用鷹架理論的概念。在第七章，我們將仔細介紹更多關於故事教學的技巧與做法。

4.2　母語學習如何影響外語學習
（native language learning vs. foreign language learning）

當我們想知道母語如何影響外語學習時，應該先知道母語和外語的學習機制有何相似或相異之處。一般認為，孩子的母語聽、說能力大致在五歲定型。若孩子從嬰兒時期就有聽故事的習慣，到了幼兒時期對於故事文本的聽覺敏銳度自然不差。反之，若孩子從小就缺乏這類刺激，雖然也能聽得懂母語，但對於某些語料的接受度就未必理想。如果要更進一步發展寫作能力，那兒童就需要繼續學習更複雜的句型，例如主要子句和從屬子句的關係、字詞的排列等與文法相關的語言技巧。因此 Bates 等人（1984）認為，兒童是從嬰兒時期就培養對母語的敏銳度及建立對母語的基本認識。然而每一時期的語言學習重點都有所不同，例如 Harley 等人（1995）認為較年幼的孩子（七到八歲）較注重音韻方面的學習，等到了 12 至 14 歲才開始注意字詞的順序。

提到年齡這個和學習認知息息相關的因素，就不可不知「關鍵時期學說」（critical period hypothesis）。關鍵時期學說認為從幼兒時期到青春期是學習外語的絕佳時期，因為此時大腦對語言的運作仍停留在學習母語的模式，因此可以輕易成功地學習外語。但是過了這段時期，大腦對語言學習的模式開始轉變，開始以分析的方式吸收知識，因此無法得到像幼兒那樣自然學習語言的過程和效果，特別是在口音和語調方面。但是在語言的其他方面，如文法，過了這段關鍵時期仍是可以透過學習與記憶而獲得。

要解釋母語如何影響外語，Bates 和 MacWhinney（1989）的競爭模式理論（Competition Model）認為可以注意母語和外語之間的差異大小，即比較兩者的語言結構。例如，法國小孩要學習同為拉丁語系的語言會較輕鬆，因為語言結構較為相似。再以學習英文為例，英文屬於「主詞＋動詞＋受詞」的結構，如果兒童的母語也屬於這種語言結構，兒童就可以轉化舊有的語言模式和學習策略來學習外語，同時兒童也會比較注意那些和母語有直接聯想關係的字彙（Harley, 1994; Schmidt, 1990）。但若兒童母語的句子結構是「主詞＋受詞＋動詞」，如日語，那也許一開始的過程會比較不順利，因為他必須在腦中建立一套新的語言模式來適應外語的語言結構。以中文和英文為例，我們發現，以中文為母語的小孩學英文的 I love you 很容易，因為這兩種語言的主詞與動詞排序相同；但是有時候他們會接著問：「為什麼『你好嗎？』是 How are you?」，因為他們無法由逐字翻譯而得到這個問句。從這個例子我們可以看出孩子如何運用語言學習另一種語言，以及學習語言時可能遭遇的問題。

了解母語如何影響外語學習的情形可以幫助老師提供適當的鷹架輔助；許多研究也指出由於母語的影響，外語學習常出現特定的錯誤模式（Mitchell & Martin, 1997）。也有研究指出老師的教學方式也會影響學生學習外語的結果。Weinert（1994）對以英語為母語而後學習德語的學生

（11─13 歲）進行研究，發現老師可能會偏好某種對話方式，而學生也深受影響，這些比較依賴老師和教科書的學生日後較無法全面習得並使用語言，造成只著重在某個片段知識的困境。即使不是因為老師，學生也仍可能因為在分析外語的過程，專注於特定的語言形式和功能，而偏廢其他形式的用法。若能注意到這些問題，就可以找出學習的盲點，為外語學習加分。

4.3　注重正確度與流暢度之時機（accuracy and fluency）

正確度與流暢度同為表現語言能力的重要條件。試想，在英語演講比賽中，一位參賽者說得極為流暢但內容卻錯誤百出，另一位是文法正確卻結結巴巴，這兩位都未必能獲得臺下聽眾的青睞。當然，最完美的境界是正確度與流暢度兼具，但卻不易達成。因此，英語教學者開始思考注意正確度與流暢度的時機，先個別培養，當訓練有成之後再合而為一，以提高語言能力的表現。這也符合鷹架理論裡提到，以小目標逐步完成大目標的策略。

大致說來，初學者應著重於流暢度。在語言使用上，流暢度最主要是為了讓說話的人達成溝通的目的。若是一開始，老師就急著糾正學生的錯誤，讓學生有「多說多錯」的錯覺，內向者可能就從此保持沉默，而謹慎者則可能字字斟酌，連說一句話都要思考半天才肯開口。因此，如果教學活動是要幫助學生培養流暢度，如上臺報告、角色扮演等，老師應該先消弭學生恐懼的心理，讓他們覺得使用英文是一件可以嘗試並完成的任務，同時鼓勵學生暫時忽略語言使用的錯誤並勇於表達，培養他們的基本信心。老師甚至可以較為間接的方式引導來更正錯誤，例如：當學生上臺報告假日活動時說到 I go to Tainan yesterday. 老師就可以回答 Oh, you went to Tainan yesterday. Wonderful!

但上面的例子並不代表老師就不需要理會學生的錯誤。當學生具備流暢表達的信心和勇氣後，老師可以在適當的時機，如稍後的文法課，提醒學生並示範正確的用法。此時，老師就不再忽略錯誤，相反地，要盡可能提出錯誤並加以修正。但不是說此時學生就不能犯任何錯誤，而是學生應由老師的指正學會自我監控的策略，意識到自己的產出是否合乎語言規則，以減少錯誤發生，或及時修正錯誤。當強調正確度時，除了文法之外，選詞用字也是必須注意的要點；因此，出現在作業本上、黑板上、口頭報告中的錯誤，都可以是學習的內容。

提到錯誤分析，我們可以複習一下第一、二章各派教學法對錯誤的處理方式。文法翻譯法很明顯地偏重語言的精確度，但在口語流暢度的訓練稍嫌不足。而溝通式教學法雖強調流暢地溝通，卻難免有正確度不足之嫌。有趣的是，有些教學理論認為，在學習一開始就應該教導正確的發音與文法，以免養成「壞的」語言習慣；因此，他們推翻上述「初學者從流暢度開始訓練」的觀念，認為應該先從正確度開始，等駕輕就熟後再引入訓練流暢度的活動。由此看來，除了依據學習者的程度和課程需求來考量加入何種訓練的時機，老師本身對於某些教學理念的認同與偏好，都可能影響他們選擇某些教學流程與活動，甚至於偏好某種訓練。這些都有賴老師們持續地檢核自身的教學方法，並加以思考修正。

總結來說，因為流暢度與正確度都是重要的語言能力，老師在編排課程時最好能交互安排，讓兩者的訓練比例並重，取得平衡；同時要搭配教材和預設的教學目標，挑選適合的訓練活動。至於孰先孰後則要看實際教學情況再加以斟酌。老師可以先強化正確度，當學生能正確地運用語言後，再進行流暢度的訓練。當然，以流暢的經驗報告作為引起動機的活動，再導入課程作正確度的訓練，也未嘗不可。只要不偏廢任何一方，又符合真正的教學需求，有彈性的活動安排會讓學生學得更多、更好。

4.4　以英語為第二語學習與以英語為外語學習之比較（ESL vs. EFL）

　　在比較兩者之前，先讓我們來認識第二語學習（ESL）與外語學習（EFL）這兩個名詞的不同。ESL（English as a Second Language）是指以英語為第二語言的學習，例如移民到澳洲的華僑，本身的母語是中文，但到了澳洲就要開始學習英語以融入當地生活與文化，此時，英語就是這些移民的第二語言。EFL（English as a Foreign Language）則是指在非英語系國家所進行的英語學習，如在臺灣最普遍的語言是中文，英語學習便屬於外國語言學習的範疇。大致說來，鄰近諸國，如日本、韓國的英語教學都是屬於外語學習。以上是比較廣義的定義，另有研究者將地域、官方語言等因素都考量進來，比如說法語的魁北克人在加拿大學英語該屬於 ESL 或是 EFL？這些需要深入探討的問題，這裡不做贅述，本節將著重於比較這兩種不同的英語學習環境。

　　了解定義後，我們不禁要問，既然都是學習英語，為什麼又要分開討論？重點在於學習者的外在環境，以及外在環境對學習的重大影響。ESL 的學生重新學習第二種語言（英語）的主要目的是為了日常生活的各項需求，從看電視、聽廣播，到上街購物辦事，身邊無不充斥著英語。在這樣的學習情境下，ESL 的學生不僅是在課堂學習英文，出了教室使用的也是英文。更重要的是，這些大量進入腦中的語言資訊可以立即在日常生活中使用並馬上得到回饋，再次達到學習與修正的機會。

　　反觀 EFL 學生，英語通常是「教室裡的語言」，多半是為了升學考試或工作需求而學習。出了英語教室（甚至還在教室內），大多數學生會習慣轉換成自己的母語。一曝十寒下，EFL 學生不僅接觸英語的頻率遠低於 ESL 的學生，在生活中也缺少使用英語的機會和英語環境的刺激，因為母語就可以解決一切問題，使用英文的時機就變得遙遠又不切實際。

在臺灣的英語教學現場，有時候可以看到不耐煩的學生問老師：「為什麼我要學英文？英文又用不到。」這個問題或許可以代表許多學習動機低落的 EFL 學生的心聲。

　　雖然兩者的最終目的皆是學習英語，但既然需求與學習條件大不相同（且各有利弊），英語老師在面對不同類型的學習者時也應該有不同的著重點與教學策略。在臺灣 EFL 的教學環境，引起學習者的動機應當是首要之道。以兒童來說，在學習過程中若能提供安全感與樂趣，讓他們感覺到學習英語是一件快樂並能獲得成就感的事，就可以引起其學習動機。但對於年齡大一點的學生，他們除了需要樂趣更需要學習的意義及目的。我們常常可以看到在英文課堂上提不起勁的學生，下了課就衝到電腦前打電動；奇妙的是，電動說明都是英文介面，卻不構成任何阻礙。或有迷戀美國校園電影的小女生手拿字典上網一字一句地留言給喜愛的演員；也有剛學拼音的小孩在拼出餅乾盒上的單字後，又肯繼續學英文。從這裡不難發現，同樣是英文，如果學生覺得它有意義，他們就願意主動接觸並學習。因此，Brown（2001）認為，EFL 的老師在教室以外，應該幫助學生找到生活中可以使用英文的機會，提供學生適當的挑戰，並在之後給予回饋和建議，避免以單一考試成績評定學習成就。

　　此外，在 EFL 的環境，因為學生之間有共通的語言，老師很容易使用「翻譯」這項策略來進行教學。要注意的是，這樣的行為是否會阻礙學生養成以英語思考的習慣，例如開口說話前一定先在腦中以中文打草稿，再翻譯成英文，才敢開口溝通。在課堂上雖然不須絕對禁止使用母語，因為有時候翻譯也是提供安全感的來源，針對這點可參見本書第一、二章各派教學法對母語的觀點，但是老師們的確需要配合實際教學現況合理地使用母語。

第二篇

語言學習活動
（language-learning activities）

第5章 字彙學習：從發音、字彙到字義

（vocabulary learning: from sounds, words to meanings）

5.1 語音覺識與字母拼讀教學

（phonological awareness and phonics）

在英語中，語音是由一個字母或是好幾個字母組合而成。例如：在 duck 這個字中有四個字母以及三個語音，因為 ck 只表示了一個語音。為了提供孩子在英語閱讀與寫作時所需要的知識，訓練孩子認識字母以及語音之間的關係（亦即「字母拼讀法」〔phonics〕）是重要的課程。但字母拼讀法不等於 K.K. 音標教學，不正確的字母拼讀教學不但令孩子感到困惑，造成後續讀寫學習變得困難，更容易出現字母拼讀教學與 K.K. 音標教學混淆的窘境，甚至會有 K.K. 音標教學取代字母拼讀教學的情況出現。舉例說明：許多老師為了幫助孩子練習利用分合音節來辨別單字的拼法，製作許多音節分合的學習單讓孩子機械式地練習。這個學習單可能是以一個類似 love 的關鍵字來設計的，聲稱 ove 這個部分在其他單字中也會出現同樣的拼讀模式。因此在這份學習單就有許多符合這個說法的單字如 dove, above 和 glove 等讓學生反覆練習，不去理會單字的用法，也不管這些單字是否屬於 i + 1 的難度？跟孩子現階段的學習相關嗎？有意義嗎？如果都不是，這些機械式、無意義的反覆練習則只是強記，反而會造成學習上的負擔，不但降低學習興趣，更會干擾孩子早期讀寫的萌發過程。

所謂字母拼讀法是有關語音與字母之間關聯性的教學法 （Hill, 1999）。了解字母拼讀法對於學習規則的字母組合是很有用的，如 oo, ee 等都發長音。但字母拼讀教學的問題在於很多規則都有例外。例如：「字

尾有 e 的話，字中的母音要發長音」這個規則在 make, ripe 和 pane 這幾個字中有效，但在 have, give 和 done 等字中則無效。在臺灣的英語教學環境中，很多老師強化這些規則的方式就是讓學生接觸很多音群，使學生「熟能生巧」，但這並這不是字母拼讀教學的精神。字母拼讀的目的是為日後的讀寫奠基，從實際的閱讀和寫作中去學習字母拼讀的概念才是正確的方法，這點我們將在後面的教學討論中仔細探討。

在正式開始介紹字母拼讀教學前，先界定兩個容易混淆的名詞。一是語音覺識（phonological awareness），指的是能將語音由句子切割成小單位的能力，也就是能將句子切割成單字，再將單字切割成音節，分辨出首音（onsets）和韻腳（rimes）及其他個別的音素（phonemes），如聽到 flower，可以先分成 fl（首音）與 ower（韻腳），而 fl 又可以再分為 /f/ 和 /l/ 兩個音素；另一個則是音素覺識（phonemic awareness），是指能分析單字至最小音素的能力，如聽到 lake，就知道是 /l/, /e/, /k/ 三個音素組成。因此，語音覺識是一個較大的範圍，可以把音素覺識納入，而所謂的認字能力正是同時運用兩者之後的結果。

當孩子開始閱讀和寫作時，具備語音覺識的能力是基本條件。語言中的音韻知識，不僅包含發音，更涵括語調、重音和發聲的時間點，以及如何去注意單字、音節和音素之間的關係（Hill, 1999）。

這些語音覺識中的重要元素在押韻詩中最容易為孩子察覺。一旦孩子開始覺察到，他們就能在創造押韻句子的文字遊戲中運用發展語音覺識，如吸引很多年幼孩子的唸謠「小皮球」就是一個例子。這種有押韻語音的特性，在孩子聆聽和重複童謠和流行歌曲時會不斷吸引他們的注意力。而孩子對語音熟悉度的增加，將幫助他們更能夠去欣賞更多韻文，如押韻詩句、頭韻詩等。又如在「三隻小豬」（*The Three Little Pigs*）中的重複句之所以令人琅琅上口，就是因為某些特定字如 huffed 和 puffed 有押韻。除了開頭的音素 /h/ 和 /p/ 不同外，其餘的語音聽起來都一樣，

且說出重複句的時間點相同。下面的例子取自 *The Three Little Pigs* 中的
Then I'll huff and I'll puff and I'll blow your house in. 在讀者劇場活動中，為
了讓原文更有韻味，修改如下：

> The wolf huffed,
>
> And he puffed,
>
> And he blew,
>
> The house down.

由此，可以印證語音覺識能夠幫助孩子藉由分辨語音間的不同，進
而辨識出字義。反之，若要培養或評量孩子的語音覺識能力，也可以從
欣賞押韻詩中著手。

在本章中，我們介紹字母拼讀教學的一些基本概念作為引導；到第
六章時則會正式討論字母拼讀教學的步驟，以及探討如何應用到真實教
學現場，和安排相關課程等細節。下面，我們就先從幾個前面提過培養
語音覺識的途徑開始介紹字母拼讀教學。關於字母拼讀，Susan Hill 在其
著作《字母拼讀法──聚焦於讀寫能力》（*Phonics: Focus on Literacy*）一
書中著墨不少，因此本章挑選 Hill 書中部分重點，特別是 Hill 對音素分
析的見解，再加上作者對臺灣英語教學現場的觀察，加以闡明解釋。有
興趣深入研究的讀者可以參考 Hill 的著作。

首先，培養語音覺識的途徑可以先從認識「押韻」開始：

1.押韻

押韻是指兩個以上的單字，彼此有相同的尾音。當孩子反覆吟唱童
謠或兒歌時，他們會發現這些童謠通常有押韻的特性，因此能琅琅上口。
也有學術研究提出，兒歌韻文對兒童習得抽象的音韻學技巧以及發展讀
寫能力是有相關性的（Maclean, Bryant & Bradley, 1987）。因此不難理解為

何在以英語為母語的國家中，像是 Dr. Seuss 所寫的韻文會是孩子們最愛的入門童書。此外，饒舌歌、廣告歌和流行歌曲都可以是探索押韻的素材。

2.頭韻

所謂頭韻是指字首有相同發音的單字。要發展孩子對頭韻的辨識度時，老師可以舉例，如 bear, bed, bathroom，要求孩子仔細聆聽單字的開頭，並告訴全班他聽到了什麼樣的語音。

從介紹押韻和頭韻，可以順帶引入首音和韻腳對語音覺識的重要性。在音節中，首音是任何在母音之前的子音，而韻腳則是指在母音以及母音之後的任何子音（參見表 5.1）。很多孩子會覺得將單字區分成首音和韻腳比將單字分割成個別的音素容易，因為利用容易辨識和發音的母音為界來區隔首音與韻腳，相對於分析每個音素來說較簡單。舉例來說，如果一個孩子聽到 pig 這個單字，他可能會說出運用首音和韻腳觀念分割的 p-ig，而不是個別的語音 p-i-g。

表 5.1　首音韻腳範例表

單字	首音	韻腳
l	–	l
itch	–	itch
sit	s-	-it
spit	sp-	-it
splint	spl-	-int
pie	p-	-ie
spy	sp-	-y

資料來源：Hill, 1999, p. 30.

因此，孩子可運用首音和韻腳來分析新的單字。例如，如果一個孩

子遇到一個不熟悉的字 date，而他已經知道 late 這個字了，那他就可以運用類推的過程來處理這個字；同樣地，已知的字母組合 night 可被套用在新字 light 中。透過這些概念，不同的首音可被結合到相同的韻腳上（反之亦然），孩子因而能有效率地創造或認識不同的字，而非死記硬背。因此，在字母拼讀法中指導孩子利用類推辨識首音和韻腳是很重要的步驟，因為孩子在閱讀與寫作中都會運用到類似的概念。事實上，37 個韻腳就能創造出約 500 個孩子在早期讀寫時可能使用到的單字（Adams, 1990）。老師可以在每次讀完故事書或介紹新單字後，和孩子一起將某些單字挑出（可以由孩子挑他喜歡的，或是重點單字），再依照不同的首音或韻腳分類，讓孩子分辨，如 -ack 下面可以找到 back, lack；甚至久了之後，可以讓他拿著不同的首音或韻腳相互配對，如看到 -ight，可以拿 l-, br- 去搭配。表 5.2 列出普遍常見的韻腳提供參考：

表 5.2　常見韻腳表

-ack	-ail	-ain	-ake	-ale	-ame	-an
-ank	-ap	-ash	-at	-ate	-aw	-ay
-eat	-ell	-est	-ice	-ick	-ide	-ight
-ill	-in	-ine	-ing	-ink	-ip	-ir
-ock	-oke	-op	-org	-or	-uck	-ug
-ump	-unk					

資料來源：Hill, 1999, p. 30.

　　和孩子討論不熟悉的字時，分析首音、韻腳是一個有效的策略。然而光靠分析這種沒有上下文以及省略意義的單字表，並沒有太大的學習效用。透過閱讀有上下文完整脈絡的內容，或在寫作中重複使用這些首音及韻腳，比圈出相同的字母拼讀組合等活動有價值得多，更重要的是

使用重複首音、韻腳的高頻率單字（例如 Dr. Seuss 的韻文書）作為發展語音覺識的入門，這一點對有閱讀困難的孩子來說特別重要。但不幸地，在臺灣很多的英語課堂中，反而是有學習困難的孩子拿到最多機械式練習的學習單，失去透過真實閱讀去發展語音覺識的機會。關於高頻率字與語音覺識的關係，我們會在 5.4 高頻率字中再次提到。

3. 音素分析

音素是最小的語音單位，例如 late 就可以再拆解成 /l/, /e/, /t/ 三個音素。因此，音素分析就是指把每個字裡的語音拆解至最小單位的過程。練習音素分析最簡易的方法是唸出一個單字，再要求學生說出這個字是由哪些音組成，如上面 late 的例子。實際上，音素分析是一種複雜的活動，不僅需要好的聽力、辨識力、甚至是記憶力，都可能是影響音素分析成功與否的要素。在進行這項活動時，有時老師為了讓學生聽清楚，會將發音拉長或減緩速度，接著我們可以發現很多孩子在日後練習拼讀時，也會模仿老師將音拉長或放慢，再一一把字拼出來。要注意的是，這種刻意強調的做法，可能導致學生日後不容易在正常的對話速度中聽出英文長短母音的不同。

以下這些活動是 Hill（1999）在她的書中提出可以作為音素分析練習之活動。

⑴ 音素分割活動（phoneme segmentation tasks）

進行活動前，老師發給每個孩子一根細木棍，要求他們輕敲出一個單音節單字中所聽到的音素個數。舉例來說，如果給孩子 week 這個單字，那他應該要 /w/, /i/, /k/ 每個音素各敲一次，共三次。如果沒有木棍，用拍手或畫記號也是可以替代的方案。

⑵ 音素操作活動（phoneme manipulation tasks）

在這個活動中，老師先唸一個單字例如 will，再要求孩子省去 /w/，唸出 ill 的音；或是唸 beat 但省去 /b/，剩下 eat 的音。透過這個活動，學

生會發現省去音節可以創造出另一個字。但這個活動較複雜，需要較佳的分析組合能力和記憶力，因此應該等到孩子熟知音素的基本規則後再進行。

⑶ 音節分離活動（syllable splitting tasks）

就像前面提到的，有些孩子認為音節分割比音素分割更容易；例如聽到 pig，他可能依音節拼出 p-ig，而不是個別的語音 p-i-g。但對於孩子應該學習音節分割（p-ig）或是音素分割（p-i-g），目前仍有爭議。

⑷ 音素結合活動（phoneme blending tasks）

音素結合活動是訓練孩子閱讀能力的方法。在音素結合活動中，老師列出個別單字的分割部分，像是 /m/, /æ/, /p/，然後要孩子把它們拼在一起創造出 map 一字。Hill（1999）認為結合音素去創造單字似乎比音素分割和音素操作簡單。但有趣的是，在教學現場我們可以發現，老師有時為了讓學生聽清楚，會把子音唸得像是有母音一樣，如 /m/ 聽起來是 /mə/；而學生會跟著覆述，以為 map 就唸成 /mə/, /æ/, /pə/。遇到這種情況時，老師應該停下來作音素結合的示範，讓學生了解後再進行練習。

⑸ 音素辨異活動（phoneme oddity tasks）

音素辨異要求孩子在不分解單字的情況下，去比較對照音素位置的相同或相異之處。因為這個活動使用到比較多的單字，需要更好的記憶力和分析能力，因此適合程度較好的孩子。活動一開始，老師唸出一組三個以上（可以視情況增加到四個）的單字，再請孩子挑出不屬於這個組合的字，並說明是哪裡不同。不同的音素位置可以是第一個音、最後一個音，或是中間部分。例如：

sick, will, well

top, mop, hill

cat, mat, hit

　　以上這些活動皆能有效地幫助孩子認識音素，並能熟練地搭配與結合不同的音素。在孩子的早期閱讀及寫作發展中，具備語音覺識和字母拼讀的能力是十分重要的。然而，最重要的不是熟知單獨出現的音素或字母，而是孩子能理解它們之間相互連結和變化的關係，進而能唸出來、拼出來，這才是閱讀及寫作時真正需要的技能。

5.2　解碼過程（decoding）

　　一般認為好的閱讀者具備了四種身分：意義製造者（meaning maker）、密碼解譯者（code breaker）、文本內容使用者（text user）及文本內容評論者（text critic）。這裡我們要談的是四種身分中的密碼解譯者，也就是閱讀中所謂的解碼動作。Hill（1999）指出密碼解譯者能利用已有的語音和字彙知識，如語音字母關連性、高頻率字，來拆解文字得到其背後的意義。這樣的概念運用在教學上，老師可以藉由指導字母發音原理和語音覺識的方式，來協助密碼解譯者。

　　解碼能力之所以重要是因為它和閱讀流暢度有絕大的關係。當大腦花越多時間在解碼上，能分配給理解的資源空間就越少。所以我們可以看到有閱讀障礙的孩子（甚至是大人）常常在讀完書上的每一個字後，卻串連不起意思，因為他們花太多力氣在分辨每個單字上，沒有餘力再去串連前後文的意義，造成理解的斷層。因此，熟練的解碼能力是提升閱讀流暢度和理解度的關鍵。

　　進行解碼教學時，孩子需要具備語音覺識和基本的字母知識；有了這些工具，孩子才能分解文字。練習解碼時，之前為首音、韻腳和分辨音素做的練習就可以派上用場，作為解碼的基礎；例如指導孩子分析單字中的首音或韻腳，或利用類推的方法，試著把字唸出來。又例如 bright 這個單字，因為孩子學過 br-、-igh-，就可以先拼出 brigh-，再加上 t 這個

音素。如果遇到特殊規則的字，例如省去不發音的字母（如 answer 的 w）、重複出現的字母（如 bottle 的 t），或是弱化音的規則等，老師應該提供示範和說明，當孩子讀多了，自然能將這些不規則的例外納入腦中的解碼系統。

解碼過程看起來十分冗長複雜，但其實當孩子熟練後，這些分析與重組的工作應該是在一瞬間完成。若是還停留在逐一分解的速度上，就會影響對文意的理解。

下面附上 Hill（1999）對不同時期應有的解碼能力的看法，提供老師作為教學設計與檢核的參考。

啟蒙期
◗ 辨識所有開頭的子音以及短母音語音（a-z）
◗ 辨識可以製造出多於一個語音的母音
◗ 辨識大寫字母
◗ 辨識且能說出每個字母的名稱
◗ 辨識以及寫出字母語音、單字或生字的首音
◗ 辨識單字家族像是 an, in
◗ 能察覺歌曲以及押韻詩中的字母規律

早期
◗ 練習所有啟蒙期中的密碼解譯工作
◗ 辨識、閱讀以及寫出字母中的短母音：在 fat 中的 /æ/，在 wet 中的 /ɛ/，在 Sun 中的 /ʌ/，在 tin 中的 /ɪ/，和在 hot 中的 /ɑ/
◗ 辨識、閱讀以及寫出首音和韻腳，如：

at, an, ap, ab（首音為 /æ/，韻腳為 /t/, /n/, /p/, /b/）
et, en, eb（首音為 /e/，韻腳為 /t/, /n/, /b/）
ut, un, up, ub（首音為 /u/，韻腳為 /t/, /n/, /p/, /b/）

it, in, ip, ib（首音為 /ɪ/，韻腳為 /t/, /n/, /p/, /b/）

◗ 辨識以及拼出有雙子音的單字：sh, ch, wh, th, ph

◗ 閱讀以及拼出有 ck, ff, ll, ss, ng 的單字

◗ 結合以及拼出常見開頭子音群

◗ 結合以及拼出結尾子音群

◗ 識別、拼出以及讀出常見長母音音素

Cunningham（2005）提供一些有關解碼的教學活動，這些活動的特點在於可以適用於不同程度的孩子（multilevels）。以下將這些活動結合臺灣常見的英語課堂活動一併整理說明。老師在進行活動時要留意到，當全班一起學習如何解碼時，一定會有速度快慢的差異；除了可以針對不同能力的孩子提供不同的挑戰與作業，老師們也應該準備可以讓全班一起進行的活動。而同一個活動若能具備由簡到難的彈性，將有助於讓更多人參與，也達到同樂與合作學習的效果。

　　從閱讀中練習解碼是最基本的練習。老師可以先從兒歌韻文圖畫書或是針對字母拼讀的故事書開始，讓孩子由有意義的圖文對照中練習解碼並學習單字。若是希望孩子能拼出單字而書寫，解碼練習也是很重要的功夫，因為孩子必須要能將單字依照音節拼出來而不是靠強記硬背；例如要拼出 green 時，孩子應該是唸出 gr-ee-n 然後拼寫出來，而不是 g-r-e-e-n 一個字母一個字母地背誦。如果孩子無法利用字母拼讀記憶單字，一旦需要記憶的單字量變多時，就容易感到負擔沈重；這就是很多臺灣的國中生在進入需要更多字彙的階段時，無法拓展字彙能力的原因。最基本的解碼活動是利用孩子已知的首音或韻腳去拓展字彙量，例如從 late 去學習 date, rate，甚至延伸到 chocolate。除了單純的類推，老師也可以先起個頭，提供簡短的單字，程度低的孩子負責類推簡單單字的工作（五個字母以下），程度好一點的則可以挑戰類推長一點的單字（五個字

母以上）。最後活動結束前老師可以提問：「有沒有人可以把今天練習的單字分解結合成另外一個單字？」例如把 snow + man = snowman 或是 hamburger 變成 ham + burger。解碼活動也可以用小組的方式進行；老師每個禮拜公布幾個首音或韻腳當作題目，各組負責找出包含這些部分的單字，之後再貼在佈告欄上互相觀摩比對。透過這些練習，學生可以學會拆解或組合單字的規則。除此之外，老師也可以利用同音字（如 flower 和 flour），讓學生練習分辨出同音字不同的意思以及不同的拼法。在拼字與解碼過程中，很可能會有學生只會拼出大略的發音，這時候老師就可以教他們利用字典來確認最後解碼的結果。

5.3　環境文字（environmental prints）

環境文字是指那些「可以在孩子生活環境中自然發現的單字，包含商標、路標、公告欄和其他可立即接觸的環境」（Kirkland, Aldridge & Kuby, 1991, p. 219）（參見圖 5.1）。

圖 5.1　環境文字——道路標誌

　　從閱讀教學的角度看來，Goodman（1986）認為環境文字是潛藏在生活環境四周的文字，可視為閱讀的啟蒙知識；因為環境文字不只以其在生活中出現的高頻率對孩子產生潛移默化的影響，更由於孩子能組織、分析眼前看到的文字並對照環境，使環境文字成為有意義的文字學習。當教育者意識到這點之後，他們開始將環境文字納入幼兒識字的基礎課程。除了正規課程之外，環境的佈置如生活常規、班級牌、注意事項……都可以是教導孩子認字的工具（參見圖 5.2、5.3、5.4、5.5 及 5.6）。

圖 5.2　環境文字——班級常規

圖 5.3　環境文字——張貼於佈告欄的課程海報

圖 5.4　環境文字——年級教室標示海報

圖 5.5　環境文字——教室與教師姓名

圖 5.6　　常見環境文字與圖示

　　許多國外的老師都會利用環境文字發展出教室佈置和教學活動的創意。臺灣的英語老師們除了模仿學習，也可以自己想些點子，讓學習環境文字成為一種輕鬆好玩的活動。以下先提供幾個範例作為腦力激盪的開始。

1.分類

　　學生可將蒐集到的環境文字標本帶來學校（參見圖 5.7），利用這些實物，老師可以和學生進行分類的遊戲。分類的依據不限：字母開頭一樣、字母數相同、有相同音節數、有無標點符號、字形特殊、有無附圖片、不同口味（例如果汁）、特別有創意（例如諧音）、功能屬性相似（例如食物類、清潔用品類）等都是可以變化的選項。這項活動需要學生已

經具備能認讀環境文字的能力,因此在活動開始前,老師可以先鎖定某一種類型的環境文字進行教學。以牛奶盒為例,老師可以指引學生認識 milk 這個重點字,再去注意到各種口味,如巧克力、草莓、果汁等。接著挑出這些口味的生字後,老師可以帶著學生唸生字、數字母的數量,或是注意子音母音的位置等。最後,讓學生發揮創意設計屬於自己的牛奶盒。

圖 5.7　蒐集以字母 E 為開頭單字的物件

2.重組

將環境文字剪去一部分或分解開來，讓學生像拼圖一樣拼出全貌；或是設計一篇小短文，讓學生填入常見的環境文字。例如：I am Evelyn. I have a cup of ＿＿＿ (milk) for my breakfast. I take the ＿＿＿ (bus) to school. On my way, I see a sign say "one w＿＿＿(ay)".

3.佈置公佈欄

將公佈欄分成 26 格（參見圖 5.8），每格先由老師貼上 26 個英文字母的大小寫，再讓學生蒐集環境文字或是常見的姓名，貼在同字母開頭的格子裡。當某一格的環境文字數量超過格子範圍時，老師可以拆下來進行教學；無論是教發音、看圖辨意、討論某個環境文字出現的地點，或是此文字的功用是什麼等，這些都是可以創造練習對話和閱讀的機會。完成後，老師可以挑出最常用的，或是全班票選最喜愛的環境文字貼回格子，或是另外製作海報作為教室內的環境文字。至於環境文字少得可憐的那幾個格子，就得鼓勵全班再努力搜尋了。

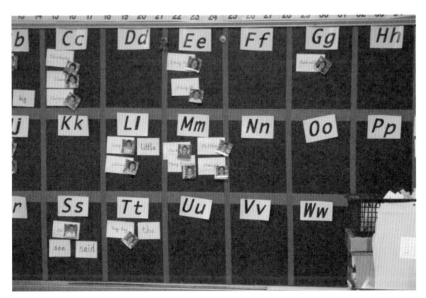

圖 5.8　　字母佈告欄──以學生名字開頭的字母分類

4.環境文字字典

除了收集環境文字來佈置教室或融入教材外，學生也可以編輯屬於自己的「環境文字字典」。方法是從生活環境中去蒐集自己喜歡的文字，用攝影或抄寫的方式記錄在自己的環境文字字典中。有空時翻唸這本小字典，看看自己走過多少地方、認識了幾個字，也算是一種有教育意義的語言經驗紀錄。

環境文字雖然是隨處可見，但其功能是屬於入門閱讀，因為環境文字的文法較為簡略，字彙也偏向生活單字，甚至有些字是品牌自創字，沒有字面上的意義。但是在閱讀書本時，孩子不僅要認識更大範圍的字詞，還要考慮文法和標點符號對文意的影響。因此在指導孩子辨識環境單字時，最好能同時慢慢引進書面文字的概念，如字母的大小寫、標點符號的介紹（參見圖 5.9），甚至搭配高頻率生字等，這些都是幫助孩子從環境文字進展到真正閱讀的步驟。

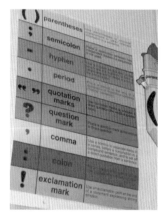

圖 5.9　張貼在教室中的標點符號海報

5.4　高頻率字（sight words）

　　當有些單字常常重複地出現在文章裡，這些單字就被視為功能字或高頻率使用單字，如 I, you, like 等。高頻率字因為其常見性而被視為兒童閱讀初階的常用字，主要包括由美國學者 E. W. Dolch 分析英語兒童讀物後所統計出來出現機率最高的 220 字為主，依難易度可分為五級（請參見 http://gemini.es.brevard.k12.fl.us/sheppard/reading/dolch.html），因此高頻率字又稱 Dolch sight words。表 5.3 列出部分高頻率單字供老師們參考。若有教學需要只要上網鍵入 Dolch sight words 就可以找到許多參考資料或是教師使用的作業單或字卡練習。

表 5.3　部分高頻率單字（Dolch sight words）

Preprimer	Primer	First	Second	Third
a	all	after	always	about
and	am	again	around	better
away	are	an	because	bring

資料來源：http://gemini.es.brevard.k12.fl.us/sheppard/reading/dolch.html

　　如果孩子能自動辨識這些高頻率使用單字，閱讀流暢性便能大幅提升，進而增進閱讀成效。當孩子具備語音覺識的能力，他們就可以開始認字甚至試著拼字；但是當他們唸出某個生字時，可能憑著發音產生各式各樣的拼法，如將 day 拼成 da, de, dai, dea 等。此時如果孩子們的腦中留有高頻率單字的印象，可以幫助提高拼出正確單字的可能性，甚至在閱讀時看到發音相同或相似的單字時也可以快速辨認，釐清文意。

　　因此，老師在挑選孩子的初階讀物時，便可以用高頻率字出現的多寡作為篩選的標準，一來減輕閱讀的負擔，二來可加強孩子對這些常用

字的印象。甚至像是孩子們琅琅上口的諺語、歌謠，也因為大多使用簡易的高頻率字，當然也可以作為指導孩子認識高頻率生字的教材。

　　既然高頻率字有如此的重要性，應該如何引入教學呢？相關做法有許多變化，這裡提供幾樣作為參考。首先，最簡單的就是利用高頻率字佈置教室，或準備包含大量高頻率字的歌謠，讓孩子多唸多聽，再做一點單字教學；甚至在平日的教室對話中就大量使用高頻率字，以潛移默化的方式將高頻率字植入孩子腦中。其次，老師也可以尋找適當的讀物，利用上下文和圖片引導孩子發現高頻率字在句子中出現的時機，並了解如何利用這些單字造句，奠定寫作的基礎。更重要的是，當孩子對高頻率字有一定的熟悉度之後，閱讀較長的文本時負擔就會減輕，並將注意力集中於學習新的字彙，不至於因為處處是生字而產生對閱讀的挫折感。再者，前面提到老師在指導語音覺識時不應該只是練習字的發音，而應該利用有意義的上下文推測單字的字義；因此，早在訓練語音覺識時，老師就可以引進高頻率字作為語音覺識練習的例子，提供音和義的雙向學習。之後，開始進入基本寫作時，就可以迅速地先解決高頻率字，將心力放在其他單字的拼讀上。

　　但是教導高頻率字時很容易發現其中有不少抽象的單字，如代名詞 it，或是動詞變化 was, were 等，而其中又不乏不符合發音規則的字，如 one, two。因此，針對高頻率字的特別教學是必要的，絕不要因為這些常見字「很簡單」，就認為孩子應該具備辨別的能力，而漏掉最基礎的單字教學。在教學時，若高頻率字是具體的字如 apple, pig 等，就可以透過圖片介紹；抽象的代名詞則需要搭配上下文讓孩子了解。至於文法或時態的部分倒不需要過分著墨，同樣可以利用上下文略加解釋，讓孩子養成不因某個無法理解的字就停頓閱讀的習慣。因為高頻率字的教學重點之一就是要讓孩子習慣這些字的出現，習慣到當他開始閱讀時，能快速解碼或略過那些不影響全文意思的字而將心力用於理解文意上。至於那些

不符合發音規則的字，除了可以特別挑出來說明外，其實在字母拼讀教學時就可以漸漸引入，這也是為什麼前面建議可以將語音覺識和高頻率字結合，讓孩子互相參照比較，進而了解一些拼字規則的例外，達到加乘的學習效果。

5.5　晨間訊息（morning message）

　　晨間訊息，顧名思義是一個利用一天剛開始的時間進行的活動，而內容就是老師當天要告知全班的訊息，例如當天的課程、該做的事、天氣狀況、午餐內容等。晨間訊息是一天之中開始英語學習的最佳方法，利用每天的例行事項或生活模式，讓學生由熟悉常規到熟悉這些常規之中常出現的文字，進而熟練這些文字的拼讀與書寫。這種方法既是語言教學又可兼顧班級經營，是值得語言教學者一試的方法。

　　晨間訊息的實行方式大致如下：老師事先排定當天幫忙書寫訊息的學生，這個角色類似我們所謂的值日生。老師會預先準備一張留有空格的大海報，主要內容是當天日期、天氣、上課流程、活動，或是簡單複習前一天的課程。主要內容排定後，老師會再依照當天書寫者的程度或年齡調整填寫處的難易度，最後由排定的學生填寫完成；有時候甚至可以讓當天的書寫者寫一句自己想說的話。晨間訊息一來可以讓每個人輪流當老師的小助手，二來可以激發其他學生對今日課程和書寫內容的好奇心，三來可以讓老師有機會觀察每個學生的書寫能力，可以說是一舉數得。

　　晨間訊息除了寫在海報上（參見圖 5.10）並掛在畫架上，老師也可以直接書寫或貼在黑板（參見圖 5.11），當上課用到黑板時，就不會忘記要帶孩子一起看當天的晨間訊息。這樣一來，就有點像是臺灣教室裡常見的抄在黑板上的聯絡簿事項，孩子也不會覺得突兀，反而可能覺得老

師只是把一部分的聯絡事項寫成英文。

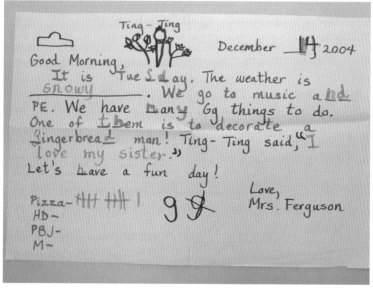

圖 5.10　寫在海報上的晨間訊息

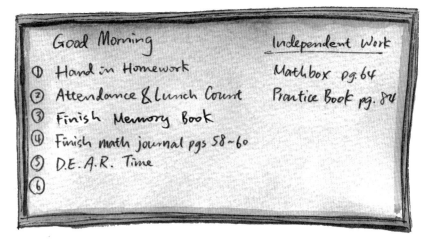

圖 5.11　寫在黑板上的晨間訊息

在設計晨間訊息時，可於名字、日期處留下空白讓學生填寫，讓學生透過練習書寫這些常用的詞彙，達到熟悉語言的表達和字母大小寫的正確書寫位置的目的。另外，對於剛開始練習書寫字母的學生，老師在設計訊息內容時，盡量不要將容易混淆的字放在同一篇裡，如 p, q 或 U, V。遇到要練習的字母，老師可先用虛線（traceline）寫出字母，再讓學生照著老師的筆順描，熟悉書寫次序。此外，老師可用已挖好方形洞的蒼蠅拍放在要學生注意的地方，暫時遮去其他部分，凸顯晨間訊息內的教學重點（參見圖 5.12 及 5.13）。對於已有字母概念的學生，老師可透過描繪單字字形外框的方式，強化學生認識、辨別字母的能力（參見圖 5.14），或用卡通字形的寫法，加深學生的印象。在呈現句子方面，老師可用不同的顏色來呈現字與字或字母與字母間的不同，也可針對該篇的主題做出標示的動作；例如老師想呈現標點符號的異同或作用，則可於各個標點符號加上顏色區別，幫助學生學習與記憶。

此外，老師可以在晨間訊息上留白，讓孩子輪流上臺書寫自己想留的訊息，給孩子一個發表寫作的舞臺，也激勵他們思考如何寫作。當老師寫上今天的晨間訊息後，就可以請輪到的學生到前面，說出自己想留的訊息：例如給某位朋友的留言，會比單純的每日晨間訊息更吸引孩子的注意力。如果孩子尚未具備書寫能力，老師可以代勞，將小朋友的話寫在晨間訊息上；這樣一來，在看老師書寫的過程中，學生可以學習字形的描繪，和如何將思想轉換成文字的過程。最後，當晨間訊息活動結束後，老師可以請書寫者利用這張晨間訊息的空白處做午餐人數調查，例如今天吃比薩的有幾個人，喝牛奶的有幾個人（參見圖 5.14），使這張晨間訊息發揮最大的聯絡功能。

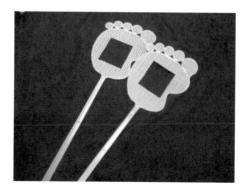

圖 5.12　　教學用蒼蠅拍

圖 5.13　　蒼蠅拍使用方法

（以上兩則圖片感謝林惠文老師提供 http://jerry_cheng.blogs.com/kidding_me/2007/04/making_flyswatt.html）

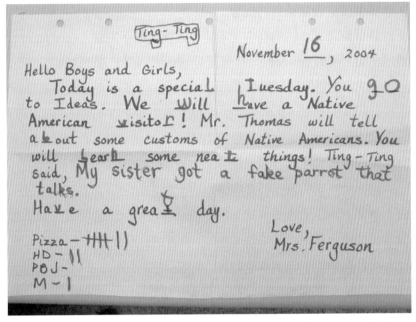

圖 5.14　晨間訊息放大圖——描寫字形外框（左上方）、午餐調查
　　　　（左下方）

　　晨間訊息能提供學生學習英語的真實情境（authentic environment），
對學生而言是有意義的學習。具體而言，晨間訊息有以下的優點：

1.增進口語能力

　　當全班學生朗讀晨間訊息，或是和其他同儕進行討論的時候，無形
中也增加口語練習的機會。

2.增進對音素和音韻的察覺

　　透過將單字中遺漏字母寫出來的過程，學生有機會不斷地練習拼音，
增進他們對音素和音韻的察覺。如：要寫出 (＿)orning（答案為 morning）
時，老師可要求每名學生先用自然發音法唸出：/m/-/m/-/m/, morning，
再將正確的字母寫出來。

3.提供探索書寫語言的機會

在練習晨間訊息的過程中，老師可以帶入單字家族（word families）的資訊，如：教到 flower 時，可順便提 plant 這個字；或是把相似字放進同一篇訊息，並用相同的顏色標示（this, that）。此外，老師也可在訊息內容中設計押韻的形式，讓學生感受有趣的韻文，如：Ting-Ting is eating. 或是設計相同的句型，使學生熟悉進而使用之。

4.示範語言文字的書寫過程

晨間訊息是學生每天都會接觸到的，學生能熟悉其中常常使用到的句型、單字、字距的寫法，或是判斷句首、句尾的正確位置，並能進一步地將這些技能應用於其他類似的語言環境中，達到語言學習的目標。

5.提升高頻率字的字彙能力

所謂高頻率字就是能夠一看到就知道意思且能正確唸出的字，無須經過拼音的過程。不過，要熟悉高頻率字須仰賴平時的重複閱讀練習，而晨間訊息正可以提供這樣的協助。

6.發展閱讀目的

語言學習和其他學科的學習是不同的，不應該以考試為目的，反之應當協助學生發展閱讀能力，培養學生閱讀動機，使其語言學習有意義、有目標。

7.建立豐富的字彙庫

晨間訊息的實施，將使小朋友接觸多元的題材，擁有豐富的字彙庫，奠定未來語言學習的基石。

8.增進書寫能力

每次上臺書寫晨間訊息或將其抄寫在作業簿中，都是一步步建立及逐步強化學生的書寫能力。

晨間訊息是美國小學裡常用的課堂活動，結合了班級經營和讀、寫教學兩項教學重點。然而，對於臺灣學生（EFL）而言，字彙的不足可能

使他們無法讀懂全部以英文書寫的內容。此時，老師可搭配適量的中文或以圖片輔助，提升學生的學習動機，促進閱讀的有效性。但切記圖片只是輔助工具，最重要的還是學會文字。另外，每篇晨間訊息都須提供完整的訊息，讓學生在不斷的重複練習和理解裡，能夠真正的落實該語言的學習。

5.6　自創字（invented spelling）

Bank Street College（1997）認為當寫作者不確定單字的真正拼法時，他們可能會根據發音規則或是視覺印象拼出可能的單字，因而產生了自創字。自創字現象在小孩學習寫作的初期常常可以看見；為了表達心裡想說的話，他們會嘗試拼字，但卻常常「拼錯字」。其實自創字在成人身上也偶爾可見，有時急著寫下來又忘記怎麼拼，當這種情況發生時，有些成人也會先使用拼音記下來之後再回頭修正。

在這裡我們要討論這些「錯字」需不需要糾正，而對語言學習又有什麼啟示。Burns, Griffin 和 Snow（1999）認為幼兒能透過自創字開始表達想法，這也是自創字的價值所在。處於學習寫作初期的孩子，剛具備基本的語音覺識和拼寫能力，利用書寫表達自我可以說是一項新的挑戰。試想，他們要如何寫出心中的想法呢？剛開始這些初階寫作者會一邊唸（也許是在心裡默唸）一邊寫下來；遇到不會拼的字時，寫作者採取的方法之一就是「自創字」，用自己心中的拼音系統把字寫出來，因為唯有解決這個不會拼的字，後面的字句才能接著寫出來。例如老師可能會看到類似 I et a cak ysteday.（I ate a cake yesterday.）這樣的句子，這是由於寫作者心中的語音覺識告訴他可以這樣拼，但他可能會忽略一些字中不發音的字母（如字尾的 e），或是要寫兩次的字母（如 bottle 的 t），或是把一個字母拼成兩個（如 f 拼成 ef），也可能搞錯母音要放哪一個，甚至連

母音都漏了。但是我們要知道，對一個剛開始練習寫作的人來説，腦中要同時處理那麼多關於形、音、義的訊息是十分不容易的事，能夠流暢地記錄自己的想法就等於邁開寫作的第一步，也表示學生開始有能力掌握對字母外型、發音⋯⋯種種規則的運用，更重要的是學生有嘗試與挑戰的勇氣。因此，當老師看到自創字時，與其認為那是錯字而大感頭痛，不如轉而思考是否看得懂孩子要表達的意思，如果可以，起碼代表孩子的寫作流暢度已經隱然成型。

可是老師仍可以針對必要的單字做指正。例如教學的重點字彙、高頻率字等，老師可以寫一次正確的拼法讓學生比較，甚至要求他們再抄一次。其他如介詞、標點符號，甚至左右顛倒的字母等不嚴重影響全文大意的錯誤，老師只需要圈出來提醒學生，或把正確的用法寫在旁邊即可（參見圖 5.15）。這種批改標準就是為了配合前面提到「培養流暢度」的精神。如果寫作者拿到一張滿江紅，甚至幾乎重新被改寫過的稿子，日後他可能就沒有意願再嘗試寫作了。因此，老師稍後可利用其他時間，如單字教學、文法教學時，再進行細部的修正，兼顧學習流暢度與正確度兩者間的平衡。

圖 5.15　學生自創字與教師的修改範例

　　在學習寫作的初期，孩子應該常常被給予練習手寫的機會，即使是短短一句話加上簽名也好；因為只有不斷練習，寫作技巧和拼讀能力才會進步，對於英文拼音中的許多不規則變化也將會有更多的認識，終至能達到正確書寫的學習成果。

5.7 有註解的塗鴉（captioned pictures）

　　最常見的塗鴉註解就是漫畫人物頭上的對話框。從這裡我們可以知道有註解的塗鴉有兩個基本要素，一是塗鴉，也就是繪圖；二是註解，即繪畫者賦予圖片場景的對話或解釋。若是觀察兒童繪畫，有註解的塗鴉隨處可見。小孩子可能畫了很多奇怪的人，旁邊用文字或注音寫著：「ㄇㄚ ㄇㄚ 我ㄞˋ 你。」於是這幅「抽象」畫的意義立刻顯現出來。大一點的小女生很喜歡畫衣著華麗的公主，旁邊加上劇情或對白，這也算是有註解的塗鴉（參見圖 5.16 及 5.17）。

圖 5.16　有註解的塗鴉──三隻小豬，六歲孩童的作品

圖 5.17　有註解的塗鴉──三隻小豬

　　從這些塗鴉可以看到孩子正從最原始的純繪畫開始進入練習書寫的階段。我們可以猜想，也許孩子心裡編排的故事隨著年紀增長變得越複雜多元，當繪圖不足以完全表達故事情節時，孩子們會開始加上一點文字解釋，用以對外在世界表達自己的想法。這樣的創作歷程顯示孩子之前接收的關於情節安排的訊息（最常見的就是故事）開始發酵，因此能開始產出。再來，有註解的塗鴉表示孩子開始有掌控表達的能力。要把心裡抽象的想法具體而有秩序地鋪陳在紙上需要邏輯力，而要能寫出注釋，孩子必先具備能說出句子且能拼讀的能力。其實上一節提到的自創字常伴隨著塗鴉寫作一起出現，而繪畫就是引發孩子自動練習書寫的一個好方法。

　　因此，老師可以利用孩子們繪畫時的快樂與成就感，培養他們初期書寫的流暢度。鼓勵孩子們多畫多寫，練習用所學到的語音或單字為自

己的圖畫創作做註解，老師再給予合適的指正。基本上，這項活動很類似臺灣英語教室裡的抄寫活動，但不同之處在於在有註解的塗鴉中，小朋友是先天馬行空地書寫出心裡的想法，經過老師指導或給予正確示範後才進行抄寫，而且抄寫次數也僅止於一兩次。在塗鴉中，當孩子遇到書寫困難時，老師提供的輔助或訂正即是前一章提到的鷹架，因為是根據學生的錯誤而來，而學習範圍正是落在他們的近側發展區中。亦即是老師可以根據孩子的塗鴉情形看出他們現階段的語言能力，以便立即在他們的學習能力範圍內，提供符合 Krashen 的 i + 1 理論的進階學習，使學習不至於太難或是太簡單。也因此，抄寫是當老師在塗鴉上示範或訂正錯誤拼法後，學生最後才完成的工作；這時候，老師可以要求學生將有錯誤的句子重寫一次，這樣的抄寫工作才是有意義、有目的的學習。抄寫不應該是被動的功課，而是要透過孩子喜愛的活動，賦予寫作實質意義，進而引發書寫興趣，達到練習與學習的目標。

　　除了讓孩子在平常就培養記錄生活或情緒的習慣，老師也可以在說完故事後，請學生畫下自己最喜歡的場景，旁邊再加上一些文字。文字部分可以是這幅畫代表的故事情節、自己的感想，也可以是自己改寫的劇情。如果孩子還無法自己寫出完整的句子，那麼抄下書中相關的句子，也可以是練習大小寫、標點符號和檢視閱讀理解的管道。

　　因此，這些塗鴉絕不是毫無功能。老師或家長可以把這些塗鴉收集起來，當過一段時間再拿出來，孩子已經能對自己以前的作品評頭論足，糾正以前寫錯的字、用錯的詞，甚至能再多加一點解釋，其實我們就可以從中感受到孩子的進步。

第 6 章　拼字、單字與閱讀教學
（teaching spelling, vocabulary and reading）

6.1　字母拼讀（phonics）

在第五章我們談到語音覺識及字母拼讀對學習閱讀和寫作的重要性，而老師對於這兩項技能的認識將影響教法和教學活動的安排。因此，在第五章的基本觀念介紹後，本章要討論如何在課堂上教導字母拼讀。

指導字母拼讀時，老師心中一定曾經產生某些疑問，例如有關發音的規則有這麼多，哪一項要先教？而遇到不規則的組合時，該如何安排將其放入教學中？還是略過暫不談論？語音覺識有沒有一定的教學流程？這些問題都會影響老師的教學計畫。Adams（1990）就曾經整理出至少 18 點有關拼讀教學的疑問，有興趣的老師們可以自行參考。

因為篇幅有限，我們要直接進入字母拼讀教學的步驟。Hill（1999）在她的著作裡提到三種字母拼讀教學的教法和相關理論，下面將以她的三種教法為架構來進一步介紹字母拼讀。

1. 傳統字母拼讀教學方法

傳統字母拼讀教學法盛行於 1960—1970 年代，主要包含「合成字母拼讀法」、「分析字母拼讀法」和「VAKT 字母拼讀法」這三種活動。傳統字母拼讀教學法的理論依據主要是來自連結論（connectionism），將解碼技巧視為優先，先學習片段的語音單位再加以分析或重組，也就是從小的語音單位進行連結，最後組成整體性的單字。之後，Crawford（1995）將連結論在字母拼音教學法的應用整理出以下幾點：

⑴ 學習是以創造和增強關聯性為基礎。

⑵ 學習字母代碼和單字辨別是成功發展讀寫能力之關鍵。

⑶ 剛開始閱讀時，老師清楚、直接的帶領式教學是必要的。

⑷ 能自動解譯字母的能力比閱讀理解能力重要，它能輔助閱讀理解能力。

⑸ 先將閱讀行為分解成單一、有層次的小技巧，然後再回到閱讀的整體性教學。

在臺灣，傳統字母拼讀教學法是很常用的方法，這種偏重拼字技巧的練習，如果再搭配專門設計的讀本，特別容易看到效果。然而，從另一方面來看，閱讀時遇到的字彙未必都像讀本中那麼有規則，因此傳統字母拼讀教學法的學習可能無法應付現實環境中閱讀材料的彈性，這是這些傳統教學法的不足之處。下面提出三個屬於傳統字母拼讀教學法的介紹：

⑴ 合成字母拼讀法（synthetic phonics）

就字面來說，合成就是把單獨的元素抓在一起，組合成更大的單位。由此可知，進行合成字母拼讀法時，老師會先提供個別的字母，如 h, o, p，引導孩子知道個別的發音是 /h/, /ɑ/, /p/，再讓孩子試著把完整的 hop 拼出來。這在臺灣應該是很常見的字母拼讀法。這種基本的練習，老師只要示範一下，孩子大多能一點即通。就像孩子剛學中文的注音符號時，可能遭遇拼不出來的困難，如看到ㄨ和ㄢ拼不出「彎」；老師可以適時給予協助和更多示範，一旦孩子抓到訣竅，應該都可以上手。

介紹了基本的 -op 組合，接著老師可以讓孩子類推其他單字，如 shop, mop 等。這部分的活動，在臺灣最常見的是老師列出具同樣韻腳的單字讓孩子練習拼音。若是要增加挑戰性，老師可以讓孩子試著自己列出單字，如果考慮到孩子的字彙量不夠，可以提醒他們翻字典、找書本，利用身邊的資源找出相同的組合。一般說來，孩子自己動手做的樂趣會比用老師舉的例子練習來得多。更重要的是，如果孩子們舉出一些能拼出音但沒有實際字義的生字時，老師可以告訴學生這個字是可以這樣唸，但其實沒有字義，然後提出其他組合的例子，繼續引導學生思考。

若要再進一步，老師可以提供利用這些首音或韻腳寫成的故事讓孩子唸讀，或是利用這些相似的字進行簡短的造句練習（如：I hop to the shop.）。

⑵ 分析字母拼讀法（analytic phonics）

有組合就一定有拆解，因此字母拼讀法裡還有一項「分析字母拼讀法」。這種方法是從一個單字開始。先讓孩子舉出一個他們已知且簡單的單字，例如 box，然後老師開始帶著學生分析 box 這個字是由 b-o-x 組成，所以 o 這個字母的音唸成 /ɑ/（當然也可以順便介紹 b 和 x 的發音）。在臺灣這種分解工作似乎比較少見，很多老師都直接拿起字母卡，帶學生唸熟 26 個字母的發音後，再去搭配單字做機械式的練習或是運用合成字母拼讀法，例如老師會帶著同學唸 b-b-b, /b/-/b/-/b/, bird。分析字母拼讀法是利用分析的過程讓孩子找出當天要教的字，然後再請孩子列出包含 o /ɑ/（以上面的 box 為例）的單字；或是先由老師提供單字表，再讓學生找出特定字母，甚至可以讓孩子再抄寫或描寫一次。

⑶ VAKT 字母拼讀法（VAKT phonics）

這個教學法比較少見。VAKT 四個字母分別代表視覺上的（visual）、聽覺上的（auditory）、肢體動覺上的（kinesthetic）和觸覺上的（tactile）；由此可以想見這是一套利用知覺學習拼讀的方法。這套教學法的理論和肢體語言教學法有異曲同工之妙，主張利用左右腦不同性質的動作來強化學習和幫助記憶。VAKT 有許多不同的做法，這裡舉出其中一種作為參考：在說出字母名稱和語音（聽覺）的同時，描摹出或用黏土捏出那個字母（視覺、動覺、觸覺），然後再將每個字母結合在一起，創造出一個單字。

2. 當代字母拼讀教學法

字母拼讀法與時俱進，逐漸由分析音素轉換成以拼字為基礎、利用單字學習拼讀的教學法。除了利用單字，文本的加入也是一項變革。迴

異於以往先學好拼讀再引進閱讀的方法，現今的做法是讓字母拼讀可以在閱讀中學習，而坊間也有專為拼讀設計的讀本，例如針對某個特定的發音，編寫有意義的讀本。Morrow, Gambrell 和 Pressley（2003）在其編著的 *Best Practices in Literacy Instruction* 一書中，提到現今的拼讀教學法應該是：

⑴ 成功閱讀的重要一環。

⑵ 孩子應該學習解碼，但並非絕對需要透過合成字母拼讀法學習。

⑶ 孩子應該學習如何應用字母拼讀 ， 不應被專為拼讀設計的讀本（highly decoded text）限制。

⑷ 當孩子學到更多單字，他們更能使用類推與拼讀規則進行解碼。

⑸ 遇到多音節的單字時，孩子能應用語素（morpheme）的拼音規則進行解碼。

⑹ 字母拼讀法沒有所謂「最好的」、「唯一的」指導方式。

　　基本上，當代字母拼讀教學法和傳統字母拼讀教學法有許多共通處，而主要的差異在於教導的次序。傳統教學法是從小單位（分析音素）進展到大單位（閱讀），當代教學法則反過來，一開始即注重閱讀。傳統教學法在指導各個發音時，會連發音的不規則變化也一併納入；此時，學習者可能因為學了許多規則卻缺乏實際經驗而不知如何應用，要等到開始閱讀之後才能從頭回想並理解。相反地，當代教學法從閱讀中教字母拼讀，似乎較能克服上述困難，讓學習者邊學邊用，逐一發覺拼讀的規則；但是有時候可能因為學習者的基礎還不穩固，教學者需要暫時中斷閱讀活動來教字母拼讀。了解各種利弊得失後，老師可以斟酌各種教學法的優缺點，在教導學生時針對其需求提供適當的方法。

　　雖然當代字母拼讀教學法與傳統字母拼讀教學法有其差異，但也並非那麼涇渭分明；例如傳統教學法中常見的單字分類及分析也可以應用於當代字母拼讀教學法。像是讓學生去找出同樣拼音不同拼法的字，或

是把文字遊戲 scramble 融入教材，讓學生利用有限的字母想出各種可能的拼法。若要加入閱讀活動，則可以在朗讀讀本之後，再進行單字教學；進行的方式是從讀本中挑出特定單字，利用上面提過的活動練習拼讀，之後再回到閱讀並驗證剛剛學到的拼讀規則，目的是利用雙向的交流強化拼讀、解碼與閱讀能力。

因此，因應當代字母拼讀法兼容並蓄的多元教學，老師不僅可以單獨教授字母拼讀法，也可以讓學生在練習拼讀的同時學習閱讀。*Best Practices in Literacy Instruction* 一書中列舉了幾種常見的活動，可以提供老師們參考：

⑴ 以已知單字類推未知單字。

⑵ 以常用字為基礎，如高頻率單字，學習語音和字母的組合（blending）和拆解（segmenting）。

⑶ 將單字置於句子中並挖空部分字母，如 The pl＿＿＿ flies in the sk＿＿＿.然後讓孩子藉由上下文和唸讀的過程，寫出被挖空的字母。

⑷ 利用唸唱兒歌韻文學習字母拼讀和押韻。老師先讓學生學會找出韻腳，接著再讓他們寫出或讀出同樣韻尾的單字。例如老師寫出 -ain，學生要能寫出 rain, train, chain 等以 ain 當字尾的單字。

⑸ 利用字根、字首進行造字活動。

⑹ 當學生熟悉字母拼讀法後，可以讓他們以「文字偵探」的身分找出發音相同但拼法不同的字，或是看起來很像的字等。

字母拼讀教學的反思與影響

有些關於字母拼讀教學的問題一直是教學者質疑與辯論的觀點，例如語音覺識的重要性究竟多大？是否真的為閱讀與寫作的關鍵？在現今臺灣父母期待孩子「不能輸在起跑點」的觀念普及下，讀幼稚園的兒童不僅要學中文的注音符號，還要學英文字母；如果這時候再插入語音覺

識和字母拼讀教學（有的甚至加上 K.K. 音標），會不會適得其反，反而攪亂了孩子的學習腳步？而如果提早引入閱讀與寫作活動，會不會不符合兒童生理與心理的認知發展階段？這許多的問題一直都是學術研究討論的要點，以下將目前較被接受的看法整理如下。

基本上，語音覺識對閱讀和寫作的作用是有目共睹，而問題在於老師的教法以及導入時間的選擇上。舉例來說，雖然有人質疑機械式地訓練語音與文字之間的關聯性對閱讀的實際效益，但事實上有些孩子的確需要使用許多機械式的練習才能慢慢進入真正的拼讀情境，尤其是在外語學習環境中。孩子們的學習型態也不盡相同，有的孩子單單學習字母拼讀就須花費一整年，但之後出門很快地就可以開始拼出環境中的文字，例如果汁盒上的 orange；也有孩子一開始很熟悉拼讀法的規則，可是進入閱讀時卻容易唸成其他相似的字，例如把 one big nose 唸成 on big nose。因此，根據教學情況和孩子的學習狀況來調整字母拼讀的教法是必要的。

有時候，我們會發現孩子的年紀（同屬兒童時期的不同齡孩子）雖然不會過度侷限他們的學習，但是卻會影響老師或家長們為其挑選教學法的觀點。在臺灣，學習字母拼讀的大多是較年幼的孩子，等孩子到了高年級，家長開始覺得應該去補習班學 K.K. 音標才能銜接得上國中課程。這種學習的好處是多樣化，缺點則是過多的學習方式可能變成揠苗助長，影響孩子學習的興趣與成效。基本上，「如何讓孩子熟悉一套完整的拼讀方法」應該才是重點，待孩子熟悉後再考慮是否介紹另一套方法作為輔助使用。對年幼的孩童來說，從字母拼讀開始是比較簡易且有效率的方法；但是當這些學習者開始熟練字母拼讀後，也的確需要認識音標來幫助自己辨正拼音。因此，老師應該視學生的實際需求引入適當的發音教學。

有了拼讀的能力之後該如何引進閱讀呢？要回答這個問題之前應該先定義「閱讀」一詞。幼兒未必真正具有讀書識字的能力，但是他們看

到麥當勞的 M，肯德基的 KFC，會知道它代表的意義。基本上，Goswami（1994）認為孩童的閱讀行為是圖像符號式的（logographic），和抽象的文字概念不同。圖像式的符號代表的是具體直接的意義，而不是拼讀的音節，也與處理真正的書面文字大有不同。雖然如此，這樣的圖像閱讀卻是最原始、最基本的辨讀，能訓練孩子從基本圖文開始聯想與辨識，進而發展到日後的閱讀與書寫。任何學習都應該從有意義的事物開始，即使只是之前提過的很簡單的自創字或塗鴉；當孩子將寫作當作遊戲或溝通的工具，利用語音和字母創造出文字（不論正確與否），其過程就是發展與應用拼讀的機制開始發生效用。只要能讓孩子感到學習是有意義的，並從中種下閱讀的種子，即是好的出發點。

6.2　平衡式教學法（balanced approach）

在第二章探討全語言教學法時，我們提到在全語言教學法中，閱讀教學佔了很重要的地位。全語言教學法的精髓在於提供一個自然如母語發展的環境，希望孩子透過沉浸於大量語料中自然學會語言，特別是閱讀與寫作的能力，因此在教學過程中較不重視刻意的引導和教學。除此之外，全語言教學法對於學習成果也著重於對內容大意的理解和培養對閱讀的喜愛，不過分強調精確度，因此有時候會出現學生在閱讀時不求甚解的問題。

就如同上面提到的，全語言教學法為人詬病之處，就在於不刻意提供閱讀的規則及技巧，如語音覺識的訓練和字母拼讀的教學，來強調閱讀正確度。全語言教學法視語言的聽、說、讀、寫四種技能為一個可以自然習得的整體，但是有些持相反看法的學者認為，即使身處充滿書本的環境，如果缺少有系統的語音覺識引導和字母拼讀的教學，仍將造成日後閱讀上的困難。

　　這些關於閱讀教學上的爭議由來已久，一直是學者長期爭論的議題，後來甚至引發所謂的「閱讀戰爭」（the Great Debate, reading war）。直到後來，美國的國家科學院（the National Academy of Sciences）提出，希望以實際研究的數據和結果提供客觀而有效的閱讀教學討論，才逐漸平息這場戰爭。後來教學者與研究者就再針對全語言教學法和字母拼讀教學這兩方面的不足與長處，提出「平衡式教學法」，以進一步修正閱讀教學。這裡我們就要來看看平衡式教學法如何運作。

　　既然我們知道平衡式教學法是為了平衡全語言和字母拼讀的教學，可以想見其內容就是「參雜一點全語言再加上一點語音覺識」；例如有的老師習慣先做字母拼讀的訓練再給予孩子全語言教學法中的閱讀環境，或是在原來全語言教學的環境中刻意加入字母拼讀的訓練。在讀本方面，除了全語言教學中常見的具有可預測性的故事書，平衡式教學法的做法是加入可練習拼音並有重複句型的讀本來供孩子閱讀。但是以上這三者皆被批評流於形式上的轉變，而沒有真正去探究閱讀教學中最重要的問題——如何確實提升孩子的閱讀興趣和學習成效？

　　Morrow 等人（2003）在 *Best Practices in Literacy Instruction* 一書中提到所謂的「平衡」有其危險性存在。書中以天平為例，一端是較偏技巧的學習法，如字母拼讀法、直接教學法、各種語言學習技巧和能力分組（ability groups）；另一端則是較注重整體學習概念的方法，如以學生為中心的教學法、全語言教學法、文體學習法（genre study）和文學回應法（literary response）。在書中，這種過於簡單的二分法被形容為「失衡的平衡」（balance out of control），只能作為一種短期指導的方式。然而，語言學習的歷程及其深度、廣度絕非一蹴可幾，當我們將眼光放遠時，找出真正有效率的教學方法則成了首要之道。

　　首先，書中（pp. 28-36）提到，若要「平衡」就不能把各種領域的學習要素都放在同一個天平上去做比較。例如當我們要進行真實語境教學

時，只需要思考「在家」與「在校」兩種要素；當我們思考教師介入學習的比例時，只去思考「最大參與度」與「最小參與度」，這就是針對平衡教學法提出的「語境連貫性」（contextual continua）。在這個概念裡，思考的層面包括學習的真實性（authenticity）、教師角色（teacher's role）、課程規劃（curricular control）、師生言談（classroom discourse）等等。語境連貫性強調將老師的最大參與度搭配上學生能力較低的條件，最小參與度搭配上學生能力高的條件，將這兩項條件定於天平的兩端，再視教學情況調整，並搭配鷹架輔助、老師示範、學生主動參與教學技巧，是一種有目的的平衡。

其次是「內容延續性」（content continua），指的是當老師要取捨或混合不同的教學法時，不單純以大分類去決定，如應該「重語言沉浸」或是「重規則引導」。反之，每種教學理論都有其長短處，老師應該去思考每種教學理論中的要素，並擷取適用於學生的方式。例如文體教學（text genre）的確有其長處，但與其去想文體教學法和字母拼讀法孰輕孰重，不如去思考文體教學法中哪些適合目前班上孩子的需求，這才是真正平衡的做法。在平衡式教學法之後，又出現其他的教學法，如接下來幾章要提的各種可以運用在閱讀教學的活動，都是試圖提供多元方式及目標的閱讀教學。

基本上，平衡式教學法是一種融合式的教學法，彙集全語言教學和字母拼讀教學兩者之長，但平衡式教學法仍被認為有改進的空間。現今的英語老師擁有許多資源和管道，除了從傳統的教學法中去尋找適用的工具，更可以跳脫侷限，利用與其他老師互相討論觀摩的機會，思考更新更好的教學法，以學生的最佳學習成就為目標。因此即使在使用平衡式教學法時仍可以、也有必要搭配其他教學策略，以營造多元而有彈性的學習環境。

第7章　說故事教學（learning through storytelling）

故事教學是一種極富魅力的教學活動；不僅是過程活潑有趣，能有效吸引學生的注意力，提升課堂參與度，對於之後發展聽、說、讀、寫的技能都有高度相關性和延伸性。此外，故事中豐富的文化題材和語言材料，都是老師可以和學生討論分享的教材。而不同的故事又有不同的寫作形式，老師可以透過故事自然引入介紹各式不同的文體，甚至是詩歌韻文。反過來說，有押韻的韻文也可以讓故事教學的內容更豐富，氣氛更熱絡。本章就是要將這樣的法寶與老師們分享，一起來看看在兒童英語教學中和故事教學相關的各種議題與活動。

7.1　兒歌韻文（songs and chants）

故事中很常見到重複的句型。當這些句型編寫得十分有次序時，學生們很容易在唸讀故事的時候琅琅上口；像 *Polar Bear, Polar Bear, What Do You Hear?*（Bill Martine Jr. & Eric Carle, 1991）就是許多幼稚園小朋友能唸讀的小故事。如果再配合押韻和節奏，這些兒歌韻文不僅是很好的唸讀教材，更能提升閱讀的趣味性。

從這裡我們就可以回想在第三章提過的多元智慧。兒歌韻文可以充分落實多元智慧在課堂上的運用。首先，最基本的，兒歌韻文中的詞句都是很好的語言教材。老師可以先帶學生朗讀韻文，從中延伸出字母拼讀的教學，讓學生去發覺韻腳、分辨音素，提升對語音覺識的敏銳度。最後，如果學生遊刃有餘，還可以讓他們改寫韻文，或做韻文接力。這些活動對於激發學生創作韻文的興趣也有很大的效用。在國小常聽到學生們口耳相傳的一些唸謠：「星期一猴子穿新衣，星期二猴子肚子餓，星期三……」即是一例；其傳播速度之快，聽眾之廣，改寫版本之有趣（學

生可以編到「星期十」），可見韻文對於兒童具有高度吸引力。

　　老師還可以利用兒歌韻文的音樂性結合歌唱和律動，在唱兒歌的同時，進行肢體語言教學。在進行唸謠時，可以跳跳繩、打節拍，或是利用手指練習手指謠。而時下流行的 rap 其實也是韻文與唸謠的一種形式，在課堂唸上一段，學生馬上能夠聚精會神。當然，如果老師力有未逮，播放與教學主題相關的兒歌韻文給學生聽也是很好的辦法。一堂課中若能穿插一些兒歌韻文，從安靜的書面文字進行到音樂、身體律動教學，可以增加課程的活潑性。

　　在教材方面，韻文具有故事性和趣味性兼具，且容易記憶的特性。以教學效益來說，因為韻文的節奏有趣有規律，所以學生願意反覆唸讀；加上容易預測故事情節，朗讀之後更容易提升閱讀的流暢度；再配上圖片，學生在唸讀的過程中自然能了解文意，慢慢將文字的形、音、義結合起來，形成了閱讀理解。

　　除了節奏規律的韻文之外，學生們對於不按牌理出牌的韻文也很有興趣。越是荒謬無章的韻文，越能引起學生們的興趣；若是還能挑戰唸讀的速度，那麼學生必然玩得樂不可支。除了注重趣味性和語言教學的目的，韻文中不乏富含生活教育意義的例子；若學生能琅琅上口，就等於將品德、生活教育掛在嘴邊。最常見的例子是學生會利用所學韻文互相提醒，例如 Lier, lier, paints on fire. 以下再提供兩首韻文讓老師們參考：

Slow Clock, Quick Clock

Slowly ticks the big clock.

Tick tock,

Tick tock!

But the cuckoo clock

Ticks double quick,

Ticka tocka ticka tocka

Ticka tocka

Tick.

資料來源：Lear, 2001.

Tomatoes, lettuce, carrots, peas.

Mother said you have to eat a lot of these.

資料來源：Cole, 1989.

7.2　語言與文化（language and culture）

　　第一語言和第二語言的學習過程不甚相同，不僅是語言方面，在學習策略、認知發展、情感交流以及文化認知上都會有差異（Brown, 1980, p. 46）。而「文化」和語言學習的關係更是密不可分。各個學者對文化的定義不盡相同，Hall（1959）認為文化等於溝通；Harris 和 Moran（1979）則是認為文化是在特定的人群內產生的獨特生活型態；Gudykunst 和 Kim（1984）則視文化為社會模式、秩序和想法的交互作用。除了上述幾點，Damen（1987）認為文化具備了以下幾項特徵：

　　◑ 文化是可以學習的。

　　◑ 文化模式不斷在改變。

　　◑ 文化是所有人類生活都具備的事實。

　　◑ 文化提供獨特的價值觀與信念的藍圖。

　　◑ 文化和語言是緊密且相互影響的。

　　◑ 文化是一種過濾器（filtering device），具有保護和限制的特徵。不同文化間的溝通必須穿過這層藩籬。

　　由此可知，語言學習的主體除了語言本身，涉及目標語言思考模式的文化議題也應該一併納入，才能使溝通暢行無礙。然而，外語教學（EFL）和第二語學習（ESL）的不足之處就是學習環境不是在目標語言國家，缺乏語言文化上互動與溝通的機會（Lambert, 1974）。這樣的教學環境，很容易讓學習者利用第一語言的觀念去認識外來文化，因而產生偏頗的觀念。常見的例子像是各個文化對顏色與肢體語言所代表的意義有不同的看法，很容易引起溝通上的誤會。如白色在日本是婚禮最常使用的顏色，這點與我們的文化就迥然不同。因此 Lambert（1974）建議外語教學應該適當地引入文化教學。Vallette（1977）則列出四項文化教學的目標：

- 發展對目標語言文化廣泛的認識；
- 了解目標語言文化的基本禮節；
- 了解目標語言和母語兩種文化間的差異；
- 認識目標語言文化的價值所在。

　　Damen（1997）認為跨文化之間的溝通，在理論上常涉及語言、社會、心理、溝通和人類學；而表現在實際應用上，則引出跨文化（cross-cultural）與不同文化間（intercultural）的溝通和第二語言教學議題。又因為語言是文化交流的主要媒介，語言和文化中任何一方的變動，都會影響到另一方。最明顯的例子就是外來語的介入。現今世界溝通便利，外來語大大豐富了母語的辭彙，而其背後隱含的文化概念也會間接地影響社會文化和語言溝通。在認識到文化與語言的緊密關聯後，文化在語言教學中的重要性即不言而喻。但為避免文化也被當作是學生必須用功學習的一門課程，因而造成學生的壓力，應用故事教學就是很好的選擇。從各國的傳統故事、民間故事、神話故事中，都可以挖掘出許多相關的時代背景和各國的風土民情；而即使是講述當代故事，也可以從中一窺現代生活

的奧妙。

在兒童英語教學中，「節慶活動」是十分常見的教學主題。講一個相關的故事就可以將節慶的來龍去脈和習俗活動交代清楚，之後再配合討論古今差異和製作相關節慶用品等活動，就是很好的延伸教學。

故事中也可以看出各個文化和時代對兩性的看法。例如透過故事最經典的結尾：「從此公主和王子過著幸福快樂的生活」，老師可以和學生討論回到了現實生活，公主和王子的婚姻是否依舊美滿。或是到了現代，許多公主出征的故事也紛紛出籠，因此語言教學的深度與廣度就可以再延伸到性別角色扮演的教育上。除了利用故事書教學，老師也可以放一小段影片讓學生欣賞，利用多媒體讓課程的呈現更有變化。

除此之外，很多現代的環保議題和文化觀念的演變，都可以在說故事中以一種不說教的方式傳達給學生知道。例如，老師可以從故事中詢問學生為什麼某些動物有特定的性情：狐狸真的很狡猾嗎？兔子為什麼是溫馴善良的代表？為什麼鴨子、小豬這些現代人很少見的農村動物常出現在故事中？我們應該用什麼態度看待小動物們？從一問一答中，老師就可以告訴學生，因為以前農業時代的動物是人類重要的財產和好朋友；可是狐狸會吃掉這些動物，所以在古老故事裡，狐狸的形象都是負面的。但在現代因為生態與經濟結構的改變，狐狸反而需要人類的保護，不然很快就瀕臨絕種了。

利用故事進行文化教學，不僅可以灌輸文化概念，延伸出各種議題和其他教育面，學生們在課後還可以練習重述故事，用自己的話把故事的人物、情節再說一次，既達到語言學習，又再次強化對文化議題的了解，落實結合語言與文化於教學的目標。

7.3　說故事教學（storytelling and language teaching）

7.3.1　理論和優點（backgrounds）

很多家長和教育家都認為要學好第二語言，最好的方法是讓孩子沉浸在語言情境中，那麼他們就能自然而然地學會語言。但是對於臺灣的兒童來說，這種理想有實踐上的困難：第一、學生本身母語的語言能力尚不足；第二、外在標的語語料環境的不足。因此，兼具發展語言能力以及營造學習環境的說故事教學，就被認為是接近理想的語言學習活動。

許多研究都指出說故事教學有助於語言發展，如 Pesola（1991, p. 340）提出「說故事是讓年輕的學習者浸淫在語言中最有效的工具。」其他學者也指出，在課程中涵蓋說故事教學活動，可以訓練並提升聽、說、讀、寫四種語言能力。以說故事作為「語言」教學及其他學科教學的工具，不但對於個人在語言發展、創造力、個人社交技巧，以及文化學習方面，都有很大的助益 ， 也可以是教室內全語言課程設計的基本素材 （Aiex, 1988; Hayes, 1996; Zobairi & Gulley, 1989）。因此我們可以說，在課堂上進行說故事教學，不僅能夠激發學生的想像力，更讓學生有機會了解不同文化、訓練批判性思考、發展賞析文學作品的能力，更重要的是能達到促進語言能力發展的目標。

說故事教學的優點不勝枚舉，衍生出來的教學活動自然更是變化萬千。因此，接下來我們要帶領讀者認識說故事教學的魅力，之後再開始討論如何實際進行教學。若老師們意猶未盡，可進一步參考作者的另一本著作《說故事與英語教學——訓練英語的聽、說、讀、寫》一書。以下由該書中綜合出說故事教學對於語言學習的幾項重要優點。

1.提供學習趣味性

「說故事教學」最顯而易見的優點就是可以提供學習趣味性（learning enjoyment），進而引起更高的課堂參與度。Krashen 所提出的情感過濾器理論（affective filter hypothesis），說明老師應該如何讓學生接受課堂裡老師所給的輸入（input）。假使老師給學生很大的壓力，學生很可能感到焦躁不安，使得情感過濾器大大升高，減少吸收新知的空間，造成學生無法享受學習的樂趣並失去自信。因此，課堂教學的首要之道就是要營造趣味學習的氣氛，而說故事教學營造的就是一個這樣充滿樂趣和安全感的學習環境。

2.提升課堂參與度

許多研究指出，當學生能感受到安全感與趣味性時，來自學生的主動參與才能產生（Allright, 1988; Busch, 1982; Day, 1984; Ellis, 1993; Ely, 1986; Seliger, 1977; Spada, 1986）。相反地，如果學生在學習過程中總是感到沮喪、沒有信心、無聊或是害怕等負面情緒，根據情感過濾器理論，此時學生是無法有效吸收老師想要傳遞的知識。情緒與學習動機不僅影響課堂上的學習成效，也會影響課後的後續學習。在 Seliger（1977）的研究中，他提出在課堂上主動參與活動的學生，以及在教室外主動尋求練習英語機會的學生，他們在第二語言能力的進展，皆優於在課堂上表現消極的人。回過頭來說，想讓學生主動學習，老師必須先提供一個讓他們樂於學習的環境，也就是上述提到的一個安全又有趣的學習環境。

因此，如果老師想要提升學生的課堂參與度，就可以藉由說故事所提供的輕鬆溫暖的學習氣氛，讓學生樂於參與。可想而知，在這種愉悅的氣氛下，教師更能鼓勵學生一起覆述、吟唱或是歌唱；而這些參與行為都與學業成就之間存在正向的關聯（Ellis, 1988; Ellis, J., 1993; Ely, 1986; Gomez et al., 1995; Seliger, 1977; Spada, 1986）。也正因為「熟能生巧」，學生在課堂上的口語參與越多，「說」的能力自然能大幅提升（鄒文莉，2005）。

在臺灣的外語學習課堂中，口語練習對於學生口語能力的進展十分重要，而說故事教學所提供的正是這種容易被學生理解的輸出（comprehensible output），藉此提升學生課堂上的口語參與度。

3.從有意義、能理解的輸入到輸出

從這裡，我們可以歸納出說故事教學的另一項優勢——提供有意義且可理解的輸入（input）。所謂有意義且可以讓學生理解的輸入，在許多語言習得的研究中已有探討，這些研究不僅指出輸入的重要性，更提到光有輸入並不足以讓學生達到學習成效，學習者需要搭配許多練習機會，才能強化輸入的知識（Curtain, 1991; Dulay et al., 1982; Krashen, 1982 & 1987; Wintz & Reeds, 1973）。但是，有實際教學經驗的老師都知道，乏味單調的練習只會造成學生的倦怠感，反而無法提升學習的成效。此時，引入故事教學就是一項變通之道，因為故事富含趣味性與可預測性的情節能引發學生的好奇心與專注力，讓他們即使沉浸在反覆出現的類似句型也不感到厭倦，反而能利用這些已知的語言線索，嘗試猜測故事結局，從中得到反覆練習的機會。因此，Hendrickson（1992）認為說故事不但能提供有意義、可理解的「輸入」，也包含學生需要發展對話技巧的「輸出」（output）練習。Cooper（1989）則認為說故事能夠提供學生愉悅的環境進行聽力練習，同時增進學生注意力，並擴充學生的詞彙廣度，引導學生運用實際語言。因此，Wright（1995）直接建議不論是教導母語或外語的國小教師，都可以說故事為課程核心。

雖然目前一般的英語課也會提供輸入和練習，但多半是一些缺乏意義的重複句型練習（pattern drill），和說故事教學所提供的有意義的、可理解的輸入（comprehensible input）不同。若我們希望學生產出可理解的輸出，老師所提供的輸入就必須要是能理解的、有意義的；但可惜目前在課堂上的聽說教學仍多是機械式的句型重複練習。舉例說來，當有人問 How are you? 這個問句時，Fine, thank you, and you? 通常是臺灣學生的

標準答案，但有與目標語言人士接觸經驗的學習者就會知道，在實際生活中未必會是這樣中規中矩的問答。同樣的一個問題應用在不同的情境時應該會有不同的應答方式，然而經由課堂反覆句型練習訓練出來的學生卻都只會制式地回答 Fine, thank you, and you? 如此一來，這些練習就不再具有實際應用的意義，也無法成為學生表達或解決問題的工具，頂多是在他們腦中烙印一個又一個句型而已。光是機械式地練習句型，並無法真正幫助學生學習語言。以下的笑話說明了機械式的學習可能造成的窘境：

有一位老外卡車司機不小心撞上了一位老中，老外司機著急地問 How are you? 老中不加思索，馬上回答 Fine, thank you, and you? 這就是因為句型練習練過頭了（overlearned），又無法因時制宜地使用句型，才會出現的笑話。

因此，英語教師如果要避免類似以上情況的窘境，就必須提供學生有趣且有實用性的練習。說故事正好提供了一種有意義的學習方式。Zobairi 和 Gulley（1989）認為故事中的語言和情節是依據真實情境中會發生的邏輯而發展，當學生聽故事時會學到語言的實際用法。除了提供真實的聽力語料，Copper（1989）和 Recht（1990）也認為說故事能幫助學生發展口語能力，因為透過有意義且重複的輸入，學生能逐漸精熟故事中的字彙與句型之間的關係以及使用時機，進而正確地使用這些語料（Zobairi & Gulley, 1989）。

但也有人質疑，如果學生語言能力不夠，怎麼能聽得懂故事，甚至去做有意義的輸出？要知道，用英文說故事時，雖然學生未必能理解每個單字，也未必清楚故事中的文化意涵，但在當下，經由說書人運用豐富的肢體動作、表情及聲音的抑揚頓挫等特色，故事裡陌生的單字和文化對聽者而言，也不足以成為理解故事的障礙。在說故事的過程中，若能完全用英文來幫學生做說和聽的練習，就等於創造了一個很好的語言

環境。所以「說故事教學」可以說是一帖能讓學生沉浸在外語環境中的良方。

4.聽說讀寫樣樣來

　　說故事和閱讀故事是不同的。針對語言的發展而言，學生可以從說故事當中獲益更多。閱讀故事對學生而言，最大的助益在於讀、寫能力的訓練；然而，說故事則是同時強化了聽、說、讀、寫四方面的能力。臺灣的英語教學以溝通式教學法為主，大部分的課堂充斥著許多兒歌韻文和遊戲，以保持學生們高昂的上課情緒；但是長久下來，學生們的讀、寫能力卻明顯不足。說故事教學不但能訓練聽說能力，也可以輔以閱讀寫作的練習，是一種能融合聽、說、讀、寫的教學活動，對老師和學生而言都是一項完美的選擇。

　　Collins（1999）建議，在連結說、寫兩者間的距離時，說故事是最適當的媒介。Wilson（1997）相信，在說故事的過程中，寫的部分可以隨著聽、說的進行過程而慢慢增加。他認為說故事不僅提供學生練習聽、說、讀、寫四種能力的機會，更能夠延伸學生對於語言模式的知識。而越是用全語言的方法來閱讀和書寫，則說故事在此過程中所扮演的角色越是重要（Koki, 1998）。進一步來說，故事裡的對話、詞彙的選取、重複的句型、清晰的主題、韻腳和鮮活的敘述等特性，都可以幫助學生建構「對故事的感覺」，為後來的書寫預先儲存草稿。

　　事實上說故事對語言學習最重要的,是在於連結語言的聲音和意義,也就是為語言的聲音、意義及字形的結合做準備。通常我們會建議學齡前孩子的父母或老師，要努力地透過和孩子對話或是其他方式為他們多多儲存腦中的語音資料，因為孩子腦中存的語音越多，將來理解閱讀的能力就越強。這個概念可以從圖 7.1 的學習金三角看出：

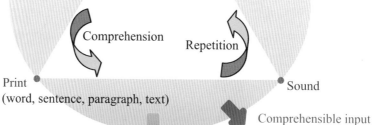

Enjoyment
(affective filter, confidence, motivation)

Meaning

Comprehensible input
(perception)

Scaffolding (i + 1, prior knowledge)

Comprehension

Repetition

Print
(word, sentence, paragraph, text)

Sound

Comprehensible input
(production)

INTAKE (registered)

圖 7.1　學習金三角

　　這個學習金三角的三個頂點是聲音（sound）、意義（meaning）和文字（print），無論何種教學行為都要能以確實完成金三角學習為目標。課堂學習最重要的是呈現愉悅的氣氛，當老師把學生的情感過濾器、自信心和動機等因素都安撫好了後，即可開始進入學習區，也就是所謂的學習金三角。而老師該如何來穩固這個學習金三角呢？可以藉由增加理解度（comprehension）和重複學習（repetition）的練習，來架設學習鷹架（scaffolding），並利用學生的先備知識（prior knowledge）和比學生現階段程度再難一點點（i＋1，i＝學生現階段程度，1＝難一點；i＋2太難，i－1則太簡單）的學習材料，來穩固學習金三角的架構。當這些架構都做好時，老師還要注意到學生的接受度（perception），給予學生可理解的

輸入，而說故事教學就是一項很好的選擇。

　　當學生們有能力重述故事或是表演讀者劇場時，這些便是學生有意義輸出的產物（production）。經過這樣有組織的學習過程，學生們比較容易將老師所給予的輸入在腦中註冊（registered），變成習得的知識（intake）。這樣完美的結構如果能完整地呈現在課堂中，不僅學生能體會到學習的樂趣，在這樣的環境下，老師也可輕鬆地帶學生進入讀和寫的世界，對老師而言也是一種享受。

　　回到實際的閱讀教學現場，我們來仔細看看聲音和文字又是如何互相影響孩童的閱讀成效。拿一本書讓學生唸，先聽過書中內容的學生讀起書來，解碼能力及速度會比沒有聽過內容的學生來得快且容易。如果學生先聽過老師說 Polar Bear 的故事，當他在唸故事書時，不需要 P-o-l-ar B-ea-r 一個語音一個語音地拼讀，因為在說故事中，老師 Polar Bear 的發音已經存在他們的腦中，而且透過圖片或老師的解說，他們可能也了解那隻大白熊的英文叫 Polar Bear。所以當學生在拼 P-o-l-ar，甚至可能 P-o 的音一出來時，馬上就能連接腦中所存 Polar Bear 的聲音；而一旦引發 Polar Bear 讀音時，和 Polar Bear 這個聲音結合的意義（可能是一張照片、一個影像或畫面）就會連帶被拖曳出。因此，當學生正式閱讀時，透過朗讀（read-aloud），自然地將字音、字義、字形做一完整而迅速的結合，成功達到學習金三角的三個目標，結果呈現出來的就是能理解的閱讀行為。這也就是為什麼許多研究提出聽力理解（listening comprehension）與閱讀理解（reading comprehension）之間有強烈的相關性。因此若想幫助學生流利地閱讀，老師和家長最重要的工作便是從學生年紀還小的時候就開始幫他們在腦中存聲音，製造聲音和意義的連結。等到他們正式接觸到書寫文字（print）時，因為聲音和字義（sound-meaning）的邊線已經達成，便可以加速學習金三角的完成。

　　反觀沒有事先讀過故事的學生，必須經過一個字一個字的拼讀程序：

Po → lar → Polar

B → ea → Bea-r → Bear

甚至拼讀後，學生仍不知所唸為何，因為這個聲音並未存在他們的腦中，所以也無法牽動任何意義，造成解碼失敗和無法理解的閱讀障礙。因此多聽故事、多存聲音對學生閱讀有非常大的影響，不僅在幼兒階段父母師長就應多說故事、多放 CD 和錄音帶給孩子聽，對於任何年齡層的語言學習者而言，說故事不僅是語言聽、說學習的重點，更是讀、寫技巧的培養中不可缺乏且能事半功倍的前導活動。

除此之外，說故事教學時常因為故事的特性，很容易自然產生有意義的口語重複，例如情節重複、句型重複等等；當學生聽到第二次、第三次後，自然而然可以跟著唸出來，等於可以間接地教導學生句型。這種重複的句子不僅能帶給學生安全感，提升開口說的信心，對於後來的「故事重述」也有很大的助益。

除了重複的句型，常聽故事的學生腦海裡比較容易具備故事的基本結構：開始、主角、問題、解決的方法以及結局等。在說故事之前，學生若能先有故事的結構概念，則他們對故事的理解力和興致就會比不常聽故事的學生高出許多。這種對於故事的熟悉感，除了幫助培養閱讀能力，常聽故事的學生因為對於故事的模式比較熟悉，腦海中已經存有大致的架構，因此在進行寫作活動時，他們所寫出來的成品也會較具有結構性，能夠完整地包含開始、過程及結局。

5.班級經營好幫手

除了輔助語言學習，應用故事教學還可以幫助老師輕鬆掌控整個班級的秩序以及學生上課的情緒。「說故事教學」中所使用的語言不同於一般教學所使用的命令式語言。舉例來說，一個成功的老師在準備說故事前，他不會強硬地說：「安靜！」反之，他會用溫柔而深具吸引力的語句

緩緩對學生說：「現在我要來說一個故事，你們大家想聽嗎？」相較以上兩種說法，我們可以發現到，如果老師開頭就很兇地叫學生注意聽他說故事，那麼學生對於該堂英文課的期待度絕對是大打折扣。

由這個例子我們可以了解到不同的教學有不同的教室用語，更可看出不同的教室用語如何影響整個上課的氣氛。課堂一開始的氣氛營造，在一個成功的故事教學中，是十分重要的；而且，良好的師生互動氣氛又能增強學生們的向心力及參與度，更能增進學習效率，成為一個良性的教學循環。因此我們可以說，有效的說故事技巧能夠在無形中幫助學生集中注意力，只要學生準備好進入老師的故事世界裡，那麼老師上起課來，絕對能夠得心應手。

故事教學富有幽默感又老少咸宜，是極有吸引力的教學活動。而語言教學中重要的幾個元素：語言、樂趣（enjoyment）、理解（comprehension）、重覆學習（repetition），以及語言學習的聽、說、讀、寫四項基本能力，都可以藉由說故事完成，故事教學的魅力自是妙不可言。但是該如何將這麼好的教學活動融入英文課堂呢？在接下來的章節中將更深入地娓娓道來，讓大家可以體會到故事教學的神秘魔法。

7.3.2　說故事教學的課堂活動（classroom activities）

單純的說故事和故事教學不同之處在於，故事教學除了有趣的故事內容，還有搭配一些學習活動，有目標地幫助學生達到學習的成效。其中，針對聽、說能力的訓練，「故事重述」（story retelling）就是一個很好的活動。從下一段開始，我們要介紹如何運用故事於英語教學和可以互相搭配的一些活動。

學生對象以兒童為主的老師，因為比較沒有升學壓力，因此將故事彈性地融入課程是很好的選擇；但教學時數的比例應該適當，不建議整

節課都拿來做故事教學。一般說來，一堂課的最後十到 15 分鐘是常被用來說故事的時間；一來正規課程大致告一段落，二來有助學生轉換心情，以愉悅的心態為課程劃下句點。在第一次說故事的 15 分鐘內，最好將故事一次說完，讓學生有完整品嚐故事樂趣的感受。

說故事前，老師要先挑選能搭配教學題材的故事，看看這次要挑選的是句型重複、情節重複或是著重特定關鍵字的故事類型，而不是信手拈來就唸過去。這樣有目的的挑選與課程相關的故事，不僅可以強化正規課程的學習，也省去老師思索新活動或評量的時間。

說故事時，老師可以先大略介紹故事書的封面或介紹一首相關的歌謠，引導學生在腦中搜尋相關的舊經驗，引發猜測的動機和興致，使他們迅速進入故事。正式進入故事後，老師應搭配圖片、動作等幫助學生理解，甚至覆誦，以加深其對句型的熟悉。而提到教學重點時，老師最好盡量將速度放慢，讓學生可以聽清楚並能跟得上。

說完故事後，下次上課時老師可以幫學生稍微回憶故事，最後再根據教學需求搭配聽、說、讀、寫不同的活動；而活動不需要太多，最多兩個就好，還可以分次完成，不需要為了達到「業績」緊迫盯人。

因此，歸納起來，一個完整的故事教學活動流程可以分為兩至三節課的最後 15 至 20 分鐘完成，這樣進行下來，說完一個故事大約要花一至一個半禮拜的時間，差不多也是國小英語一課的授課時間。老師們不妨平常就挑選故事並分類，遇到適合的教學主題時就可以方便運用。

7.3.3　故事重述活動（story retelling）

當老師要幫學生回憶故事，或評量學習成就時，可以運用唯有故事教學才能延伸出的活動——故事重述。簡單說來，故事重述類似說故事，只是仔細回憶故事中出現的人物和情節，用自己的話把故事再說一次，

有條理地重現故事。因此，故事重述也可說是一種用來評估孩童對故事理解程度或語言能力的工具。Morrow（1985, p. 136）認為故事重述是一種「透過口語表達，提供孩童積極參與文學活動的策略。這項活動需要學習者串連並融合故事各部分的情節」而主動參與和練習對於增進語言能力的重要性也一再地被研究證實（Ericsson, Krampe & Tesch-Romer, 1993）。除了被當作一種評估工具（這也是老師們最常使用的功能），更重要的是，從故事重述的內容，老師可以看出學生對於故事的觀點和盲點，甚至能看出閱讀過程發展的健全與否。這些都是故事重述之所以富含教育意義的原因。

在進行故事重述的時候，學生不一定要用英文來表達，如果語言能力還不夠，也可以用中文表達。但老師可鼓勵學生盡量用英文，特別是那些重複的句子和強調的關鍵字，讓學生有練習說出來的機會。為了達到增加使用英文的目的，老師可以透過加分制度，讓能力好的學生獨立完成故事重述，而需要協助的學生則以小組方式進行。這樣的活動不但可以增加學生們嘗試與表現的勇氣，進行的過程也將充滿更多趣味性。原汁原味的故事重述是一種聽、說能力的訓練，當學生能掌握故事大意後，也未嘗不可讓他們自行創造一個新的故事，這點我們將在後面提到。

7.3.4　故事寫作活動（story writing）

在說故事之後搭配一些寫作活動，可以讓學生有題材發揮，增加寫作的練習和樂趣。在故事讀寫的活動中，特別重視學生對於故事的理解，但理解首要重視的是流暢度而非準確度。要解決這種學習困難，老師們可以藉由具體的圖像代表主角，如用人偶或幾何圖形，讓學生透過實際的觀察和操弄，回想故事大綱，再分段寫出故事的開頭、過程和結局。對於年紀太小或能力還不足的學生，老師應該期待書寫的流暢度而非拼

字的正確性。如果一開始就過度強調正確性，學生的情感過濾器容易提高，造成學習的愉悅感降低，喪失用英文寫作的樂趣和信心。因此在保持學生學習興趣的前提下，學生的「自創字」是被允許的。

此外，故事的四格寫作單也可幫助學生建立故事的結構。這項活動可以由小組分工進行。寫作前先讓學生寫出故事的架構——開頭、問題、解決方法和結局，可以一個人負責一項；接著擬出故事大綱，再補上更多細節或要改寫的創意部分；當自己的部分完成後，可以和其他人交換彼此的心得，繼續添加或修改細節。若是學生能力尚不足，老師也可以提供基本句型，讓學生依樣畫葫蘆，利用句型將故事情節搬到紙上，或是先畫出來，再循序漸進地進入真正的寫作。

老師在批改學生的作品時同樣不要太過要求拼字的正確度，若能在此時期持續給予他們鼓勵和肯定，相信學生日後的創作興趣與靈感將會源源不斷。

7.3.5 說故事教學的反思與影響 （impact of storytelling on language learning）

在進行說故事教學時，老師容易因為某些疑慮，如擔心語法上的錯誤等，而躊躇不前，不願意進行說故事教學。此外，老師們也可能因為要顧及課程的進度而無法抽出時間嘗試說故事教學；而若要挑選與正課相關的故事又得花費一番心力挑選準備，間接增加教學負擔。再者，大多數的英語故事多是以外國文化為主，當老師需要搭配本國節慶做文化教學時，也可能找不到適合的故事書。因上述的種種難題，在臺灣學校的正規英語課堂上使用故事教學的老師並不多，因此也間接影響出版商開發相關教材的意願。如果能有更多老師、學生投入說故事教學這塊領域，不僅可以分享彼此的教學經驗，減輕單打獨鬥的辛勞，相信當市場

蓬勃發展後，出版社也會開發更多適用於臺灣英語教學的說故事教材，
嘉惠更多老師與學子。

第8章 閱讀教學（learning to read）

　　閱讀教學是英語教學重要的活動之一。基本的閱讀教學大致可依四個階段做課程設計，依序為幼稚園時期的字母覺識階段（alphabet awareness stage）、國小低年級的啟蒙閱讀階段（emergent reading stage）、中年級的早期閱讀階段（early reading stage）和高年級的過渡閱讀階段（transitional reading stage）。每個階段中，老師還是會發現有學生遭遇到無法流暢閱讀的困難，例如只能逐字翻譯，無法享受閱讀的樂趣，甚至是根本無法閱讀。因此，Neil（1999）認為外語老師的任務便是教導學生習得閱讀相關技能，發展識字能力，使用策略，以增進閱讀理解度和流暢度。Taylor 等人（2000）的研究發現，有效率的教師要能夠提供學生更多的小組學習機會，以激發學生關於閱讀的高層次思考。美國國家閱讀委員會（*The National Reading Panel Report*, 2000）指出，在閱讀教學課程中介紹拼讀教學（phonics）和閱讀策略是十分重要的。本章除了利用相關研究結果提示老師一些教學上可行的方法，也會詳細地介紹許多關於閱讀教學的活動，與老師們分享如何針對不同的情境與需求挑選適當的閱讀活動。當然，能促進閱讀流暢度的閱讀策略也在介紹之列。閱讀教學的終極目標是培養出獨立的閱讀者，雖然學生本身對閱讀的興趣會影響閱讀的成效，但不可否認地，有效的教學方法亦能扭轉局勢。因此，本章希望能提供老師們更多英語閱讀教學的好點子，使教室裡書香滿溢，人人「閱」讀「閱」有趣。

8.1 朗讀（read-aloud）

　　要帶領學生走入閱讀這一片天地，最好的方式莫過於以故事書來開啟學生們的興趣之門。老師可先以說故事的方式（參見圖 8.1）讓學生藉

著享受聽故事的樂趣，進而喜歡這個故事，逐漸引發學生對閱讀的興趣和自發性。而故事書的導讀方式其實就可以「朗讀」（read-aloud）的方式來進行。

圖 8.1　老師說故事

　　朗讀是各種閱讀活動的基礎，從朗讀活動中還逐漸延伸出後來的分享閱讀、說故事教學等閱讀活動。在國外，父母從孩子零歲開始就會在床邊為他們唸故事；而一直到國小三四年級，老師仍會朗讀故事給學生聽。之後到了高年級，才慢慢轉化成由學生主導閱讀的各種活動，甚至開始獨立閱讀。

　　對於臺灣的英語初學者而言，老師可選用圖片多於文字的繪本或是無文字的圖畫書作為讀本。開始朗讀前，老師要先意識到為什麼挑選這本書，並依循 5W1H 的問題來檢視這本要朗讀的書是否適合：為何教（why）、教什麼（what）、何時教（when）、在哪裡進行（where）、要教誰

（who），以及如何教（how），將朗讀與課程緊密結合，才能有效地規劃教學流程和課後活動，並引導學生往學習目標邁進。

在進行朗讀教學的過程中，老師是主要的閱讀者，學生的任務是仔細聆聽並看著書中的字。朗讀時為了吸引學生的注意力，老師最好能將朗讀當作表演，以豐富的肢體語言，較誇張的語氣表情，來強調教學重點；如果能再加上一些像手指偶這樣的小道具效果會更好。但是朗讀當然不只是單純的你讀我聽，老師要記得邀請學生一起加入。在朗讀時老師可以提問，或是請學生一起唸讀，若學生還不能一起加入，那麼邀請學生一起說 Next page. First...and then...the end. 等閱讀中常用的辭彙也是很好的選擇。這種有互動的朗讀才能讓學生經由參與而專注於書本內容，進而能提問或回答，增加思考與聽說的訓練。

為了增加學生的字彙能力，老師可以先講解學生不懂的字，再用朗讀的聲調或表情唸出書中的文字，以加強學生的理解力；而這時候是引進有關高頻率單字、語音覺識、字母大小寫、字母拼讀等和閱讀相關教學內容最好的時機，讓學生趁機將這些片段的、理論的知識藉由實際閱讀做一整合。此外，老師也可以同時教導他們書名、作者、出版商、出版日、出版地等和書籍相關的知識。但要注意的是，在朗讀時若要將所有的閱讀知識都引入，就容易顧此失彼，因此朗讀一本書時應該只搭配一到兩個教學重點。

呈現故事的方式有很多，但藉由錄音帶或 CD 播放和老師親自說故事的差別在哪裡呢？ 錄音的朗讀所呈現的較類似於書面文字 （written language），而老師的朗讀可以添加表情和互動，更能展現故事的張力；所以聽過老師朗讀的學生，在之後重述時較容易表演出故事中的表情、音調高低和重音等特色，這些是錄音的朗讀比較不能引導學生表現出來的。但不論是何種方式，當學生耳朵聽到字音、眼睛看到字形、圖片或手勢表情，就能夠有結合文字形、音、義的效果，也就是所謂的閱讀行

為。此外，關於重複閱讀的研究也指出，若能在閱讀時提供聲音的輔助，最能增進閱讀的流暢度，甚至能提升閱讀理解度。因此，在教室中進行朗讀可以有效地激發學習金三角（參見圖 7.1），有了聲音（來自老師或有聲內容）、字形（由書本或講義而來）和字義（由圖片或老師的肢體語言及語氣而來）的連結，就能夠自然產生閱讀理解。

在朗讀之後搭配互動式的活動更能強化學習效果。舉例來說，如果對象是年幼的學生，老師可以增加一些趣味性活動，像是帶動唱相關的兒歌韻文，或是做小書、手指偶，把故事再演一次、說一次、畫一次。老師也可以從中觀察學生的書寫能力（如自創字）和表達能力。針對大一點的學生，老師可以提供延伸閱讀的書目，讓他們在全班朗讀的基礎下，練習獨立閱讀自己有興趣的書籍。而如果要搭配動態的活動，角色扮演和讀者劇場則是不錯的選擇。

臺灣目前的兒童英語教育著重在聽、說能力的訓練，相較之下，讀和寫的課程安排較為缺乏，但是唯有同時加強這兩項技能，使得四項能力並重，才能真正有效地提升學生的英語能力。因此老師教授英語時，除了著重聽、說練習外，也應當搭配能培養閱讀和寫作能力的活動；同時建議老師們可以先引入閱讀，再隨著學生的年紀慢慢加入寫的步驟。以下介紹兩種可以在像臺灣這樣既是外語又是大班制的教學環境進行的閱讀活動：「分享閱讀」和「引導閱讀」。

8.2　分享閱讀（shared reading）

分享閱讀和朗讀最大不同處在於，進行分享閱讀時通常有一本大書可以讓全班一起「分享」。在進行這個活動時，老師可以準備大書（big book）或書本內容的投影片（PowerPoint 檔也可以），先透過圖片介紹內容大意，激起學生對這個主題的先備知識作為稍後延伸學習的暖身活動；

這種方式我們稱之為「逛圖片（picture walk）活動」。在進行過逛圖片的暖身活動後，分享閱讀就緊接著上場。

　　分享閱讀源自紐西蘭。Don Holdaway 和一群老師為改善學生的閱讀成效，試著從成功閱讀者身上找出原因。他們發現影響日後閱讀成效的一項重要因素即是幼時的床邊故事時間。其他的研究者也有相同的論點，如 Manning 和 Manning（1992）認為成功的閱讀者在年幼時接受過故事閱讀薰陶；其他研究者亦提出類似的看法，例如父母與學生一同閱讀故事，能強化學生對文字的認知，奠定早期的學習成就（Bus, van IJzendoorn & Pellegrini, 1995; Justice & Lankford, 2003; Senenchal, Lefevre, Hudson & Lawson, 1996）。

　　既然床邊故事對日後閱讀發展如此重要，無法擁有這項教育機會的孩童該怎麼辦？為了解決這個問題，在課堂中施行分享閱讀的觀念隨之而生。分享閱讀重視透過不同文本的特性，傳遞閱讀樂趣，老師並藉此指導學生學習各式文體、寫作格式與技巧 (Manning & Manning, 1992)。正因為教師的角色是提供閱讀示範，因此分享閱讀也被稱為示範閱讀（model reading）。對此，澳洲新南威爾斯省教育部（1997）在分享閱讀中將教師更具體地定位為：⑴示範學生何為有效率讀者的行為；⑵演示有經驗的讀者如何根據不同的文本選擇使用不同的閱讀策略，如重複再讀一次、利用圖片預測、確認資料、閱讀圖表等；⑶討論讀本的架構與特性；⑷示範如何利用相關資料閱讀讀本；⑸示範特定的教學重點；⑹鼓勵學生享受閱讀經驗。

　　此外，Mooney（1994）曾提出分享閱讀的 11 項優點。這裡提出其中特別適用於臺灣國小英語（以英語為外語）課程的幾項特點，分列如下：

1.提供閱讀歷程的示範

　　閱讀是什麼？怎麼讀？往往學生需要的就是完整的閱讀歷程來模仿。在分享閱讀中，教師的角色就是閱讀示範者。Manning（1997）提及分享

閱讀教學可讓老師示範閱讀過程，讓學生知道有經驗的讀者是如何讀一本書，如先注意封面的資訊，再進入正文，逐頁閱讀全書；而閱讀內文的順序是由左至右、由上而下，並認識標點符號、段落、字母大小寫、字距、圖文關聯等相關資料，進而利用這些資訊培養閱讀理解力。

2.提供唸讀音調的範例

Manning（1997）建議在分享閱讀時，教師為學生朗讀（read-aloud）。這點特別適用於以英語為外語的國家。因為學生通常只有在學校才有機會聽、讀英文，加上英文為拼音文字，透過朗讀和聽故事，學生才容易將文字與聲音結合，達到閱讀的效果。在分享閱讀中，學生不僅是「聽故事」，更可以模仿教師的語調，了解朗讀的抑揚頓挫和情緒表達。而教師利用大書朗讀時，更可強化單字形、音、義的結合，加深學生的印象。

3.融入閱讀策略

學習閱讀時，學生會結合老師指導與自身學習經驗建構出有效率的閱讀方法（Clay, 2001）。而 Hedrick 和 Pearish（1999）曾提到，閱讀策略最大的意義在於使學生可以運用它們來獨立閱讀。Manning 和 Manning（1993）則建議老師可以根據文本特性，挑選一至二個重點，加強學習深度。綜合上述所提，在分享閱讀活動中融入使閱讀更有效率的閱讀策略，正是一舉兩得。針對這點，Mooney（1994）建議分享閱讀可著重於「預測情節」和「驗證假設」等閱讀策略，讓學生從中學習有效率閱讀者的行為與閱讀態度，這些經驗將有助讀者逐漸培養獨立閱讀的能力。閱讀策略教學需因時制宜，老師可以因應書本內容彈性修改教學策略，以符合讀者對文本的需求 （Dowhower, 1999; International Reading Association & National Council of Teacher of English, 1996; National Institute for Children Health and Human Development, 2000）。

4.融入同儕學習

進行分享閱讀時，教師會根據讀本內容提問相關問題；在此過程中，

學生不僅可以獨立思考，也可以觀摩他人的思考模式，並產生互動。因此，我們可以說分享閱讀是利用同儕間的互動，達到學習效果的積極教學方式，並使學生從中得到閱讀與寫作的經驗（Dyer, 1990; Manning & Manning, 1992）。在溝通互動中，學生也能學習各種寫作模式和多樣文筆風格（Snowball, 1991）。因此，分享閱讀提供的不僅是閱讀，更是有趣的互動學習。

下面將分享閱讀的教學步驟依次詳細列出，並加上教學提醒；老師可以斟酌教室內的情況予以增減，設計出最適用於班上的分享閱讀活動。

1.製作投影片（PowerPoint）

臺灣屬於大班教學，即使使用大書，對於一班多達三十幾人的教室來說，要想像國外教室那樣全班學生圍著老師聽故事，還是有執行上的困難。因此，老師介紹故事書時，圖片、文章內容的能見度就十分重要。老師先將故事書一頁一頁地掃描入電腦並製成投影片在布幕上播放，以便在導覽故事時讓所有學生都能看得清楚。

2.介紹封面

⑴ 圖片：封面是引起學生閱讀動機最方便的途徑，因此在開始閱讀前，老師可以輕鬆的態度向學生介紹封面的圖片，並以手指或小棒子指著圖片，用中文詢問學生有關圖片的訊息，例如：「看看這本書的中間有哪些東西呢？」不論學生給予中文或英文的答案，老師都需要再一次交代該事物的完整英文說法，讓學生串連中英文以及圖片之間的關係。除了觀察封面，老師也可以引導學生思考「可以從故事封面的圖像預測出怎麼樣的故事內容呢？」藉此訓練學生表達的能力及推測的閱讀策略。

⑵ 標題：介紹標題時，老師可以用問問題的方式取代直接告知，例如以中文問學生：「幫我找找這本書的 title（標題）在哪裡呢？」（老師需指著標題的部分，讓學生知道其位置是在封面何處。）最理想的狀況是讓學生們自己唸出標題，但若學生過於害羞或還無法認讀時，老師可以

帶著學生大聲朗讀出標題。

　　⑶ 作者和繪者：除了標題，作者和繪者也是封面的重要資訊。老師可指著作者名字的位置，讓學生注意到故事書的封面還包含「作者」（author）和「繪者」（illustrator）這兩個項目。除了介紹 author 和 illustrator 這兩個單字，老師還可以順便介紹英文和中文姓名順序的差異；如果能以學生的名字為例，相信他們的印象會更深刻。

　　⑷ 出版社：方法跟介紹作者和繪者一樣，老師可指著書上出版社的位置，讓學生了解出版社資訊通常出現在哪個地方。

3.介紹書本背面──ISBN（國際標準書號）

　　老師可以告訴學生 ISBN 就像是人的身分證號碼一般，每本書都有一個自己的 ISBN，有了這個 ISBN，便能很容易找到這本書。

4.整理學生的經驗

　　瀏覽過這些封面及背面，老師可以總結學生對故事書封面和背面的知識，進一步提問：「書本的封面應該要包含哪些東西呢？」「書本的背面又應該要包含哪些東西呢？」讓學生再整理一次這些資訊並加深印象。

5.分享閱讀

　　針對程度不同的學生，分享閱讀的進行可以稍加變化。就初學者來說，老師可略過介紹版權頁的部分。第一次說故事時，故事裡的角色或物品可以英文帶過，而對話可以中文陳述，讓學生能先了解並進入故事情境；第二次說故事時，故事裡的角色、物品或固定出現的句型就可以都用英文陳述。當遇到這些固定的句型時，老師可以大聲地唸出，甚至鼓勵學生跟著唸，讓他們知道這是重點。到了第三次的朗讀時，整本書的帶讀皆以英文陳述，並邀請所有的學生一起覆誦。

　　若對象為中級或中高級的學生，老師可以改成以中文作整本故事書的圖片導覽，讓學生看著一頁頁故事的圖，在腦中大略建構故事大綱。接著，老師可直接以全英文的方式陳述故事，最好再搭配豐富的語調或

肢體語言，讓學生同時接收視覺和聽覺的刺激；此舉也有助於他們對內容的了解和增加閱讀的趣味性。

以上是分享閱讀的基本實施步驟，但在各個階段仍有許多要點值得我們注意，分述如下：

1.準備活動

老師在準備活動期間，可先將作者和書名等資訊大大地寫在黑板上，以供學生在引起動機的階段，就能將所學的拼讀方法應用於真實的閱讀環境中。

2.引起動機

為了能充分引起學生的學習動機，老師在進入正文前，應該想辦法吸引學生的注意力。例如，老師可先提問：Look at here! Can you see this tiny little bird? 或 Can you tell me what's going on here? 藉此引起師生間的學習互動，之後再說出：Okay, let's now read the book together! 即正式進行分享閱讀中的閱讀過程。

3.發展活動

⑴ 為了確保每個學生都能看到大書中的圖片，老師可在教室內走動或隨時調整書本的方向，讓坐在後方的學生不會因為看不到而分心吵鬧或失去興趣。

⑵ 為了使教學更有效率，在閱讀正文的過程中，老師應該注意師生間的互動，不要單方面只有老師的輸入（input），而應該要適時引入學生的參與。例如老師可以順著書中的語氣：Who stole the cookie from the cookie jar? Did you? 或是提問：Who missed the class this morning? Did you? 接著讓學生先嘗試回答：Not me. 老師再詢問：Not you? Then who? 最後再由學生利用這句話詢問彼此，如此一來可現學現賣，實際應用所學。

⑶ 故事閱讀完畢後，老師可以為學生整理單字。將這些單字做成海報（參見圖 8.2），由老師填上字義，或是讓學生查字典，之後可以貼在

黑板或牆壁上，讓學生隨時複習，加深印象。除了由老師挑選重點字介紹之外，更可以讓高年級學生自己提問，增加他們的學習動機。

圖 8.2　單字表

⑷ 另外，在閱讀正文的過程中，應當注意中、英使用時機。

　a. 有關程序的常用句應當盡量使用英文表達，如：Think about it! 和 Let's turn to the next page, please. 等。

　b. 對於正文中重複出現且具體的字詞應盡量用英文，並搭配肢體動作協助學生理解。如，教 neck 時，老師可問學生：Where is your neck? 並

要求學生指出。

　　c.若要給學生新指令，老師可先用中文表達，讓學生了解；之後再次提到該指令時，則用速度稍慢的英文說出，並搭配適當的動作手勢和音調，使學生印象深刻。

　　d.在師生互動的過程中， 第一次盡量由老師說出關鍵字的英文說法。老師可放慢說話速度重複唸出，並指著圖片示意，目的也是希望學生有個深切的第一印象，方便事後回憶。

　　4.綜合活動

　　活動結束後，若要給學生學習單（worksheet）練習（參見圖 8.3），有以下幾點建議：

B.Draw the pictures:

Example: <u>Five</u> apples in the box.

1. <u>Twelve</u> ants in the house.

2. <u>Seven</u> birds in the tree.

3. <u>Three</u> oranges in the basket.

圖 8.3　　學習單範例

　　⑴ 學習單的內容首重依學生的程度設計，讓學生從中得到學習的成就感。老師出題時當注意學生執行的困難度。如教完以數字為主題的故

事書後，若要求學生畫出 12 隻螞蟻，對於學習是沒有幫助的，而不妨改成畫 12 顆橘子。因為這裡要練習的是對數字的概念，而非細緻的繪畫技巧，因此畫幾個線條簡單的橘子會比小巧的螞蟻來得容易，又能達到教學目的。

⑵ 若選擇讓學生動手做小書，老師可要求學生模仿書的形式和內容來寫，如價錢、條碼、書名、作者等。至於內容，老師可另外提供可應用的句型範例放在臺前或黑板上，讓學生自由選擇使用。老師可以先做一本小書樣本，供學生參考。

⑶ 對於低年級的學生，老師可多加使用鼓勵性的字眼，使其樂於學習英語。而練習寫作時，老師也可安排讓學生多畫些圖片輔助文字理解。

分享閱讀主要是利用團體的力量讓學生一起「分享」閱讀的經驗，並從中學習這個時期該具備的閱讀能力；同時，分享閱讀也是針對全班設計的活動，旨在培養基礎的閱讀能力和閱讀策略。至於班上學生閱讀能力有落差的現象，老師可以引進引導閱讀及分組教學，來顧及不同能力學生的需求。

8.3　引導閱讀（guided reading）

和分享閱讀的全班式引導不同，引導閱讀（參見圖 8.4 及 8.5）是為了滿足根據個別學生的需求而產生的閱讀引導活動。引導閱讀的目的是要提供不同學生需要的閱讀引導和實際閱讀的練習，同時也提供老師記錄觀察學生實際使用閱讀策略的機會，看看學生們閱讀流暢度與正確度是否達到應有的水準，同時給予回饋和建議。從這個角度看來，引導閱讀等於是分享閱讀的延伸；學生可以根據分享閱讀的學習基礎，選擇繼續深入閱讀同一本書或其他的讀本。因此，引導閱讀可以說是為將來的獨立閱讀開始鋪路。引導閱讀的進行步驟沒有一定的次序，可根據情況

調整，但是大致的教學流程如下：

1.分組

進行引導式閱讀前，老師先將學生分為六到八人一組，最多四組；因為之後老師必須和各組討論，若是分太多組，也許時間使用上會不夠充裕。至於分組的方式，有的老師會採用同質分組，也就是讓能力相當的學生一起閱讀適合他們的書籍；但有的老師會採用異質分組，讓能力好的學生帶領能力不足的學生。其實，分組的規則與人數是機動且彈性的，未必整學期的組員都是固定的，老師可以根據實際的需求做調整。

2.挑選適合的讀本

進行引導閱讀時，學生每人手上都會有一本同樣的書。書籍可以根據學生的興趣、需求或程度做挑選。老師備課時應該將這本書中對學生來說可能是陌生的、困難的或是需要特別注意的文法、句型或單字等部分列入教學目標。書本若是依照學生的程度做挑選，應該選擇難一點的書籍，最好是在學生近側發展區（ZPD）或是 i + 1 的範圍內，才能發揮學習效益。學生閱讀時，老師會引入閱讀策略引導學生去挑戰難度較高的內容，而困難度也應該要隨授課時間的增加慢慢提升。除了書本，學生還可以準備筆記本記錄重點。

圖 8.4　引導閱讀——分組並挑選適合的讀本

3.開始閱讀

　　一開始，老師會先讓學生朗讀書本內容，不論是單獨唸、輪唸或是合唸都是可以運用的形式。老師也可以讓學生分享與書本相關的經驗和自己的想法。

圖 8.5　引導閱讀──開始閱讀

4.討論與對話

接下來，老師提問與內容相關的問題，強調單字在上下文之間的運用、文法、閱讀策略的使用以及不同類型文本的閱讀技巧（參見圖 8.6）。老師也會透過示範及建築鷹架，和學生討論這本書的內容以及重點所在，讓學生能確實掌握閱讀重點，並得到所需的支援。除了問問題，老師也可以要求學生看著插圖把故事說一次，然後根據觀察結果給予學生回饋。這些活動多是利用提問或討論進行，鮮少直接給予命令或答案，目的就是引導學生發現自己可以更進步的地方，以期在下一次閱讀時多加練習。

有的老師會將上述步驟略加調整。老師先和學生聊聊讀本，之後提問，然後留一段時間讓學生自行閱讀一小段，再要求學生朗讀剛剛讀的

內容，並從中指導正確的閱讀行為。之後才開始引入教學目標和文本欣
賞的活動。

圖 8.6　引導閱讀——老師和學生討論文本

5.相關練習

　　當老師和某一組進行引導閱讀時，其他組可以做其他活動，例如拼
字練習（參見圖 8.7）、寫作（參見圖 8.8），等時間到了（一組約 10—15 分
鐘）再換下一組。待全班的引導閱讀活動告一段落後，老師就可以引進
其他活動，如做小書、引導寫作、文學圈（literature circle），來達到增強
與實作的目的。

圖 8.7　拼字遊戲

圖 8.8　寫作活動

　　大致介紹過分享閱讀和引導閱讀後，最後要提醒老師這兩個活動別於一般教學之處。以往老師們重視總結性評量，也就是老師將學生作業一次收回去打成績，或直接用考試決定成績。但分享閱讀和引導閱讀較重視形成性評量，也就是說過程中學生參與的點點滴滴都是老師評量的項目；因此在閱讀時，學生能否積極參與、能否了解讀本、下次唸讀時

是否有進步等，都可以納入評量。之後的寫作活動，更可以利用學習檔案加以蒐集作品，以便看出學生一直以來的寫作進程以及修正。詳細的評量方式及內容可以參考本書第九章和第 12 章。

8.4　好友閱讀／雙人閱讀（buddy reading/pair reading）

<u>什麼是好友閱讀（buddy reading）？</u>

「好友閱讀」顧名思義就是跟好朋友一起讀書，也就是利用同儕力量，讓能力好的人帶著能力還不足的人一起閱讀，而好友可以是同學或是大人。好友閱讀對能力好的一方來說，可以透過指導別人來重新複習並實際演練閱讀技巧；對於能力還不夠的一方來說，則是多了閱讀的良師益友。

好友閱讀的概念是由各種閱讀活動不斷演變而來。閱讀活動最初是以老師為中心，由老師帶領一切活動。後來，為了在學校營造類似「床邊故事時間」的情境，分享閱讀開始進入教室，利用大家一起分享一本有可預測情節的大書，提供更多學生閱讀的機會。而光是全班一起讀故事還不夠，老師希望能有機會讓學生們也可以自己去看故事、討論故事和寫故事，於是教室裡的文學圈就產生了。我們可以看到閱讀活動慢慢地由以老師為主角的教學模式，轉移到以學生為主體的小組教學，再進入更小的組別，甚至是一對一的學習。好友閱讀就是這種演變下的產物。一個老師如果要照顧到一個班級所有學生的閱讀進度，容易力不從心；但若是放手給學生們兩兩一組搭配學習，不僅讓學生成為閱讀的主人，更可以利用小組的力量真正落實閱讀的教與學。

好友閱讀，真好！

好友閱讀通常是學生兩兩一組一起閱讀。因為學生的年紀相仿，理解程度類似，學習鷹架容易搭建，溝通時會讓彼此更易建立安全感及理解力；有了愉悅的心情，不論是指導或受教的一方，在好友閱讀中都將更容易從彼此身上學習。此外，透過彼此的溝通，學生們也可以練習說明、傾聽、協調等口語表達和社交技巧。

　　能力好的學生透過好友閱讀可以更精熟閱讀技巧，也可以學習如何溝通、領導，並在自然的環境中使用英文，他們對於如何選書和如何解釋圖文，也會有更進一步的認識。

　　能力還不足的學生則是可以從身邊小老師身上得到優良閱讀模式的示範，像是閱讀策略的使用，並且立即在閱讀的練習中得到回饋。不僅是學生受益，老師也可以從好友閱讀中得到教學上的助益。首先，好友閱讀等於將整個教學活動延伸到教室的每個人身上，而老師不再是教室裡唯一忙得團團轉的人。老師不僅指導學生如何閱讀，也強化他們對自身閱讀的責任感，將閱讀與學習的責任回歸到每個學生身上。此外，透過觀察與記錄好友閱讀的情況，老師可以更全面而仔細地思考學生接下來需要增強或補足的閱讀能力，作為安排下學期教學活動的參考。

教學活動

　　如果決定要將好友閱讀納入課程，老師們可以從兩方面開始著手：一是老師的分組準備；二是學生分組閱讀的準備。

　　就老師的角度來說，老師必須先仔細觀察班上學生的閱讀情況，藉此了解學生的需求以安排課程，否則就無法切入核心。老師也必須了解學生之間的相處情形，將來分組時才能順利配對，為有需要的人找到最適合的小老師。除了觀察學生的閱讀情況，老師當然也可以透過平時和學生聊天，了解他們的需求。有時候小組學習很容易產生小團體或孤立現象；老師也不希望真正進行好友分組時，有學生哭著非要和某人一組

不可，而在角落卻有幾個無人「認養」的學生。因此，老師對於這部分的安排一定要格外謹慎。

　　在活動開始之前，老師可以先在心中大致將班上學生分為閱讀能力較高和較低的兩大類，但不需要向學生透露。活動一開始，老師向學生解釋好友閱讀的好處，然後讓全班選出幾個他們公認閱讀能力很好的學生，等於是讓學生自己挑選出小老師（這裡以「小老師」代表好友閱讀中能力較好的學生）。之後再以這幾個學生為領導，去尋找配對他們覺得可以幫助的學生。在此活動中，老師只需要根據心中的名單，控制一個能力好的學生配對一個能力較差的學生的組合模式，如此一來，學生比較會覺得自己是整個活動的主動者。

　　在學生方面，老師可以帶學生這樣做：

　1. 老師介紹好友閱讀的概念，並進行分組。

　2. 老師可以先和一位同學在臺上示範閱讀時兩個人如何一起看一本書，可以互相輪唸，也可以合唸。在臺上的老師跟學生必須示範在閱讀時小老師的工作是提醒小朋友學過的閱讀技巧，解釋單字或不懂的句子，而小朋友則可以提問問題。基本上，很多小學生都喜歡模仿老師上課和回答問題的樣子，因此我們可以將這部分的示範視為類似辦家家酒的活動，只是扮演的角色是老師和學生，戲碼叫做「閱讀」。示範時必須討論好友閱讀中會用到的句型。例如小老師可能會說：「你知道這個故事在說什麼嗎？」小朋友可能會問老師：「這個字怎麼拼出來？」其他可問的問題還可以包含：

　　▶ 圖片裡有什麼？

　　▶ 這個句子這樣解釋合理嗎？

　　▶ 唸唸看，這樣發音對嗎？

　　▶ 你最喜歡哪個字？

　　▶ 以 apple 為例，問問小朋友「你知道其他 a 開頭或 e 結尾的字嗎？」

剛開始，老師可以將希望學生注意的重點濃縮在問題裡，例如老師希望學生學會解碼、聽懂大意，則進行好友閱讀時就必須提問這兩類問題，藉此讓學生熟悉這些重點。除了具有教學目的的句型，老師也可以和學生討論如何讚美，並肯定對方的能力。除了常聽到的「你好棒」（You are great!）、「好聰明」（You are so clever.）之外，學生還可以明確指出對方的優點，如「你今天讀得很流暢」（You are very fluent today.）、「這本書你幾乎都唸對了，好厲害」（You are almost right on every word. Good job!）、「你今天比上次進步很多」（You improve so much today.）等等。

　　示範時，老師可以將好友閱讀中可能出現的問題一併帶入。例如，有的學生會東張西望，不聽對方朗讀；有的學生能力還不夠，小老師覺得無法帶著小朋友一起完成任務。關於這些學習態度的問題，老師可以預先設定學習目標，讓學生知道這節課該完成的進度，幫助他專心於閱讀。此外，老師也可以提醒學生互相尊重的道理，讓學生明白如果不尊重一起唸書的朋友，對方心裡會有什麼感受。若是好友閱讀的兩方能力搭配不適當，老師可以適時調整，提供協助，並要求小老師先帶領基本的工作即可，如唸書給對方聽、提問等。下面以一個好友閱讀的相關教學網站為例（http://library.thinkquest.org/J001156/helpothers/cp_buddyreading.htm），提供指導好友閱讀時可以提醒學生的面向。如果老師們有興趣，可以進一步根據資料來源做更深入的研究。

　⑴ 閱讀時，學生可以這樣做：

　　◉ 自己事先練習閱讀幾次。

　　◉ 讓同伴感到和自己一起閱讀很舒服愉快。

　　◉ 並排坐在一起，感受好朋友的溫暖（參見圖 8.9）。

圖 8.9　　好友閱讀

> ◗ 讓同伴也和自己一起拿著書。

> ◗ 與同伴聊聊封面的作者和繪者。

> ◗ 兩人一起瀏覽圖片，小老師帶著同伴猜猜故事要說什麼。

> ◗ 鼓勵同伴問問題並注意細節。

> ◗ 偶爾停下來討論一下目前讀到的人物和情節。

> ◗ 互相分享自己最喜歡的部分。

⑵ 好友閱讀中，學生可以使用的閱讀方法：

> ◗ 為對方朗讀：要注意彼此的眼睛都盯著唸到的字。

> ◗ 回音朗讀：小老師唸一句，同伴跟著唸一句。

> ◗ 合讀：兩個人一起唸。

> ◗ 輪讀：同組的兩人以一人一句的方式輪流朗讀。

⑶ 當好朋友遇到困難時，學生可以這樣幫助他：

> ◗ 暫停活動，給同伴一點時間思考。

> ◗ 幫助同伴從圖片中找出答案。

> ◗ 給同伴一些可能的答案，請他挑出最合理的一個。

◗ 如果同伴真的不會，可以先跳過，繼續往下讀。不要太勉強他，讓他感到失望或傷心。

◗ 請同伴分析這個句型／拼字／發音。

◗ 問題解決後，讓同伴再試著唸一次。

3.讓每組自己選書：班級或圖書館裡的書籍都是很好的資源。選一本兩個人都可以讀又感興趣的書是一個很好的開始。

4.進行閱讀。

5.記錄：記錄又可以分兩部分：一是學生記錄。每次閱讀完，學生就可以在一張表格上寫下當天的日期和進度，如果有剩餘時間還可以寫下或畫下今天讀的內容，甚至互相評分。另一部分是老師記錄。學生進行好友閱讀時，老師可以到各組觀察，記錄學生的閱讀行為，例如閱讀策略的使用純熟嗎？單字會唸嗎？書的內容大意了解嗎？這樣的閱讀模式能幫助學生更進入閱讀狀態嗎？這些紀錄都可以整理起來作為日後教學的參考。

6.討論與回饋：學生們進行幾次好友閱讀之後，就可以和老師或其他同學聚在一起討論，互相檢討是否有需要改進的行為，或是將來的計畫。讓學生們意識到自己該為自己的閱讀活動負責，使它更完善，受益的人也會是自己。

8.5　泛讀／默讀（extensive reading/silent reading）

泛讀和默讀是接在朗讀之後的教學活動，主要目的是要讓學生有實際練習閱讀的機會，並拓展閱讀範疇。進行默讀時，不一定要完全不發出聲音；較年幼的學生閱讀書籍時仍可以小聲地唸出來，利用聲音幫助自己增進閱讀理解。

許多老師都會規劃出一段時間特別用來進行默讀。在那段時間，全

班甚至全校，不管老師或是學生，都要放下手邊的工作拿起一本書來讀；目的是要以身作則，讓學生模仿這些閱讀行為，在固定的時間執行有助學生養成習慣。這種方法也有人稱為 SQUIRT （Sustained Quiet Uninterrupted Independent Reading Time）或是 DEAR（Drop Everything and Read）。在 Campbell 的書中 （2003） 還提到一種做法稱為 BEAR （Be a Reader）。進行 BEAR 活動時，老師會將主題，例如：「熊」（BEAR），大大地寫在黑板上，然後讓學生閱讀跟熊有關的書。教室裡也會擺放各種和熊有關的圖片和玩具，像是維尼熊、泰迪熊、北極熊等，學生可以一邊抱著玩具熊一邊讀有關熊的書。此外，如果每日的默讀時間可以和生活作息結合，那就再好不過。在日本，有的學校是利用早自習的十分鐘進行全校默讀；有的學校則是固定每天的某個下課時間全校一起讀書。在美國小學裡，有的老師則是結合午餐時間，讓學生在拿便當前先挑一本書放在位子上，等到用餐完畢，再利用十分鐘閱讀。從這裡我們可以知道，雖然默讀是要讓學生專注練習閱讀技巧，但是形式未必一定要是嚴謹拘泥的。老師可以設計情境或是一些和主題相關的活動，從團體的作息中做常規性的安排，讓默讀更有趣、目標更明確，並培養學生獨自閱讀的習慣。

8.6　文學圈（literature circle）

在談論這麼多教學的概念與活動後，相信老師們可以體認到讓學習「有意義」是多麼地重要。不僅在活動設計上我們要尋求有意義的對話與練習，在時間運用上，我們利用晨間訊息做有意義的運用；在教室的空間運用上，當然也要朝著最能提供有意義學習的目標安排空間與佈置。課堂中除了教學內容，教學環境也會對學生的學習產生極大的影響，學生的學習環境也是需要經過營造的，這就是為什麼老師要設計不同的中

心區域讓學生們在其中學習的原因。

　　營造有意義的學習環境，以供學生培養聽、說、讀、寫的能力，是增進語言能力的一項小祕訣。所謂的文學圈就是為了讓學生進行各種學習活動，特別是讀、寫活動，所設計的空間規劃，提供學生一個舒適而資源豐富的空間，讓學生能隨時進入學習與閱讀的世界。

　　文學圈主要是利用小組的力量達到合作學習的目的，但又保有個人閱讀的時間，是一種兼顧團體與個人的閱讀活動。文學圈強調可預測性的流程，諸如分組方式、討論流程與方法、發表分享等，都有一套固定的模式，當學生熟悉之後，就可以在這個基礎上更進一步地學習。此外，文學圈重視開放與愉悅的討論氣氛，任何答案只要是有意義的想法，都可以被接受。在文學圈的討論活動中，每個人都要輪流執行不同的工作，學生除了學習閱讀，也要學習與同學合作。因此學生不只是重複地進行固定的流程，他們同時也被鼓勵進行更多元的思考與溝通，藉著觀摩與發表，不斷納入他人的學習成果，增進自己的學習成效。這些從文學圈活動衍生出來的益處，在下面的活動介紹中會再進行更詳細的說明。

　　以下，我們要先帶老師概覽教室的整體設計技巧，看看各種科目的學習角可以如何佈置。之後再針對文學圈做詳細的規劃解釋，包含活動設計和時間安排。

1.教室空間分配和設計

　　除了專為讀、寫活動設計的文學圈，教室裡還可以根據實際空間大小和教學需要，設計其他的學習角、班級圖書館等相關學習設施。這裡我們先大致介紹設計概念。空間的設計是就學生視線範圍所能觸及的地方作規劃，在方便和安全的前提下，任何物品應該具有堅固耐用且易取得的特性。如果可以，學生的東西盡量放在矮櫃，使他們取放時不需要用椅子或爬高，以免危險。除了將要提到的文學圈，老師還可以規劃：

　　⑴入口處（參見圖 8.10 及 8.11）：可將簽到簿、衣架等擺放在教室

的入口處，以便老師和學生打招呼並掌握學生出席的情形。下圖就是老
師將學生名牌掛在袋子中，學生一來就必須將自己的名字翻出來，這樣
出缺席的狀況就一目了然。

圖 8.10　簽到

圖 8.11　簽到的人需要把自己的名牌翻過來

(2) 內部大致分配：主要可以分為靜態和動態的兩種學習角。

　a.靜態區：可包含閱讀活動、聽的活動、靜態型寫作活動等，像班級圖書館就可以納入這個區塊。

　b.動態區：可包含說的活動、動態型寫作活動等，例如規劃一塊舞臺區，供學生練習並表演讀者劇場。

　要特別提的是，寫作活動（參見圖 8.12）本身即可分為靜態和動態兩種形式：讓學生討論寫作的空間，其位置可以較靠近動態區；當學生進入真正的寫作時，則可帶入靜態區。寫作活動的靜、動兩區之間可用大本書或大資料夾區隔（參見圖 8.13 及 8.14）。

圖 8.12　寫作區

圖 8.13　用書櫃或資料夾作為不同活動區之區隔

圖 8.14　用書櫃或資料夾作為不同活動區之區隔

此外，規劃各種學習區時應根據教室內的設備而設計，例如靠近洗手臺的地方便可設置美勞區（參見圖 8.15），以方便學生洗手或清洗畫具用品。如果教室裡的某些區域沒有立即要設置成學習角，老師可以將這些區域間隔起來，等到需要使用且佈置完成時，便可設計剪綵儀式讓全班一起參與，歡迎此區的開啟。在國外，一間教室約可設計六個學習區，但在臺灣，因為班級人數較多且空間有限，建議老師一間教室裡的設計不要超過四個學習區。老師可以根據教學科目如語文、數理、藝術與人文……，或是活動的特性如動態、靜態，來設定學習區的主題。像目前教室裡普遍都會有電腦、電視等視聽設備，這些也可以集中規劃成一區（參見圖 8.16 及 8.17）。當然老師必須先去思考並決定班上最需要的四大學習區；其中，練習閱讀寫作的文學圈，最好也能安排進去（參見圖 8.18 及 8.19）。硬體設施方面，除了該學習區應該有的工具，提供舒適的小軟墊和溫馨的佈置物品都是讓學習區有溫暖氣氛的小技巧。

圖 8.15　美勞區

圖 8.16　　電腦區

圖 8.17　　視聽設備區

圖 8.18　閱讀區

圖 8.19　學習角在教室的安排

在開放教室各個學習角之前，要先讓學生知道區域是如何劃分。老師可將教室的分區畫在黑板上，區域的動線以箭頭示意，其方向最好是由左至右，以暗示學生在未來寫作時的書寫方向（由左到右）；且每個區塊以不同的顏色標明，就代表不同的活動中心（center）。為了讓學生更明白，除了在每個學習區製作告示牌，老師還可以請學生製作地圖，利用色塊標示出不同的學習區；而製作出的地圖也可以在班親會貼在黑板上，讓家長和外賓了解教室規劃的概念。

2.使用說明

有了各種學習區，學生該如何輪流使用又是一個課題。老師可以根據每天的課程製作一張表格，讓學生們知道這節課該到哪些學習角進行自己的進度。學生在每堂課停留在每個學習區的時間是有限制的，約為10—20分鐘。老師可在桌上擺放小鬧鐘，當活動時間一到，便以小鬧鐘的響聲提醒各區的學生進行到下一個區域。學生在不同的學習區替換的頻率，可彈性地隨教學活動需要的時數而異。下面是比較常見的兩種交換方法：

⑴ 單天設計 ： 一天之中學生可以輪流使用不同的學習區 （參見圖8.20）。

⑵ 單週設計：學生在各學習區的活動一天替換一個。

圖 8.20　　學習角輪流表

知道各組輪流的順序後，下面再提供一些小技巧，讓老師方便掌握各學習角的情況。首先，老師可以在學習區的入口處黏貼和學生人數相當的魔鬼粘。假使閱讀區每次可以讓六個人進來，老師便可在此貼上六塊魔鬼粘，並將分配到此區的學生姓名卡都貼在魔鬼粘上。除了魔鬼粘，

掛袋也是不錯的選擇，讓將要進入此區的學生把自己的姓名卡插入袋中，方便老師掌握人數。

除了點名的小工具，老師還可以在一小塊區域貼滿和學生人數相當的便利貼，每張便利貼上寫有學生的名字。在巡視各個學習區時，老師可以在便利貼上順手記錄學生的上課情形，或是提醒自己要對學生說的話，待下課時即可將便利貼貼在學生的個人資料夾裡，這便是老師平常可蒐集到觀察學生的紀錄。

3. 文學圈教學流程

關於文學圈的教學有許多變化，從各個學習領域到各年紀，都有不同的文學圈進行模式。在眾多眼花撩亂的文學圈活動中，我們這裡以閱讀活動介紹最基本的教學流程和相關教學小技巧。老師們只要抓住這個基本模式，根據實際的教學略做調整即可。

⑴ 成立小組，進行活動

文學圈成立小組的方法很特別。老師在進行過全班的閱讀活動後，可以讓學生去挑選自己感興趣的相關書籍。這時候，老師可以導入挑選書籍的方法，例如從封面、目錄、部分篇章去判斷這本書的內容。

為了提供學生不同的選擇，班上有個小圖書館是再好不過了；若買書的經費不足，小朋友也可以每人至少帶一本來共襄盛舉。中文、英文兩類的圖書最好都包含在內；文體要多變，舉凡繪本、歌曲、有聲書、故事書、大書或小書等皆可。不同文體或不同種類的書，可以放在不同區塊的櫃子裡，以作簡單的分類（參見圖 8.21）。

圖 8.21　　圖書分類

　　讓學生自己選書是為了培養學生挑選書籍的能力，如果他能在班上提供的書籍中選出自己想看的書，之後才有可能去書局或是圖書館挑書，自己進行閱讀的活動。

　　每人手上都有一本書之後，學生再依照書籍的主題去組成小組，每組最好不要超過六人。每組讀的書籍主題可以各不相同。請注意，這裡的分組是依據共同的主題，而不是閱讀能力，因此小組可以是異質分組。在之後的討論過程中，不同程度的學生將因著同一個話題而有不同層次的討論。這種小組的組成是暫時性的，等到下次再選書時又會重新洗牌。

　　閱讀時，如果學生無法立即獨立閱讀，可讓他們邊聽有聲內容邊讀幾次。當學生較熟悉讀物內容後，可以要求他們用手指逐字地跟著唸。如果學生還是覺得自己能力不夠，老師也可以指導他們先從圖片中提供的訊息抓取故事的大意；等到聽過同學報告、討論，且觀摩過同學的閱

讀行為後，再逐步自行練習閱讀。

有了組別後，學生可以在輪到他們的時間，一起到文學圈裡進行閱讀和討論。當這一組正在使用文學圈的設施時，其他組則可以進行其他的活動；老師如果能打一張輪值表，讓學生知道這一堂課裡要如何進行各種活動，學生會更清楚程序。其他的活動可以包含引導式閱讀、字母拼讀練習、寫作時間、故事重述、讀者劇場排演、生活對話、好友共讀等等。

當班上在同一時間進行多樣活動的時候，有人也許會覺得這種「步調不一」的教學顯得雜亂無章，但其實學生如果能在短時間內完成有意義的討論與交談，適度的混亂與吵雜應該是可以被接受的。或者老師可以和學生事先約定適度的音量和把握時間完成進度的觀念，有人違反規定，老師可用鈴聲或暫時停止活動來提醒學生自制。此外，一堂課裡若能讓學生輪流使用三個學習角左右，動靜參雜，學生會覺得有變化，精神較易集中。

⑵ 分享與討論

除了獨立閱讀，小組成員還必須在固定的時間聚在一起討論。進行小組活動時，前面提過關於小組學習的六種角色（協助者、記錄者、計時者、報告者、檢查者、資料處理者）就可以派上用場。討論時，先從每個人報告自己手上的書開始，之後可以比較每本書的異同，並發表個人看法。接著再將討論的內容整理成書面的資料，寫上每個人的姓名、報告內容、心得及願意和大家分享的意見。寫報告時，老師可以讓學生到寫作區，如果沒有寫作區，在原來的文學圈裡即可。

老師可以要求學生將這份報告與全班分享，用上臺報告或交換閱讀的方式讓學生互相觀摩，以期讓他們改進自己的缺點。

小組討論的另一個重點為討論時的氣氛。任何學生發表的意見和問題只要是認真的、有意義的，都應該為其他人接納並討論；因此小組討

論時的氣氛是開放的、和諧的，以鼓勵學生進行思考和勇於發表為目的。發表意見時的流暢度比用字遣詞的正確度來得重要，旁人（甚至是老師）只需要專心聆聽並給予意見即可。

由以上說明可知，文學圈的範圍可以從閱讀演變到寫作、聆聽和口語發表的能力訓練，若是學生能認真參與，自然可以在聽、說、讀、寫各方面的語言訓練上受益匪淺。

⑶ 評估與反省

文學圈的學習素材是學生隨機挑選的，不需接受正式或固定的考試評量，因此老師評估活動的成效時，應該採取和一般課程不同的評量方式。最簡單的方法就是由老師和學生兩方面一起進行評估；老師可以從平時的觀察筆記中提出建議，或從學生繳交的作業裡給予回饋，甚至是將上臺報告的過程拍成影片，讓全班再次回味與思考改進之處。老師也可以設計簡單的學習單，在一個活動流程結束後，提出希望學生思考與改進的問題，引導學生寫下自己對於這次活動的心得與反省。

老師在文學圈裡扮演的角色是「協助者」，提供協助卻不干預、不主導，將學習的棒子交回學生手中。老師只是從旁觀察記錄學生的學習情況，幫忙維持和諧的學習氣氛，並在整個流程結束後提供回饋建議，讓學生從中進步。經過這些訓練，學生應該要能一次一次地挑戰自己，開始往程度更高的書籍下手，並與不同的夥伴進行交流，達到良性的學習循環。

8.7 互惠式閱讀教學（reciprocal reading）

互惠式閱讀教學主要是利用四種閱讀策略（參見表 8.1）：「預測」（predicting）、「提問」（questioning）、「澄清」（clarifying）和「總結」（summarizing）來達到閱讀教學的目的。除了選用特定的閱讀策略，互

惠式閱讀教學也利用小組合作的方式來強化同儕互相幫助的效益，以彌補老師無法面面俱到的不足。這樣的執行模式不僅是結合閱讀策略、小組學習，也融入鷹架學習理論。當學生一個人要單獨完成閱讀任務時，其困難度也許過大，因此利用小組的分工和閱讀策略的輔助，可以使閱讀任務的困難度降低，趨近於學習者的程度（即 i＋1）；之後學習者在互動討論中，以角色扮演的方式練習各種閱讀策略的行為，從中建構閱讀內容的意義，進而完成閱讀任務。

表 8.1　互惠式閱讀教學策略

	預測 （predicting）	提問 （questioning）	澄清 （clarifying）	總結 （summarizing）
主要內容	閱讀前或閱讀時，預先猜測後面會發生的事。	根據猜測內容提出問題。	在閱讀時尋找提問的答案，以驗證猜測是否屬實。	閱讀完畢後，說出大意和印象最深刻的部分。
你可以這樣問……	1. 你猜接下來會發生什麼？ 2. 主角為什麼這樣做？ 3. 主角將如何回應這個難題？	根據 WH 問句提問，例如： 1. what：我們已經知道什麼訊息？ 2. who：接下來出現的人是誰？ 3. when：這故事發生在何時？主角何時會採取行動？ 4. where：故事在哪裡發生？接下來，他們要到哪裡？	1. ＿＿＿＿是什麼？ 2. 哪個部分看不懂？	1. 大意是說……？ 2. 文中最重要的場景是……？ 3. 你如何把全文簡短重述一次？ 4. 結論是……？

		5. how：他們要如何解決問題？		

綜合上面提到關於互惠式閱讀教學的特徵，我們可以想見互惠式閱讀教學的活動應該是這樣的：

1. 朗讀文章：正式進入讀本前，老師先請一位學生朗讀文章或部分段落。

2. 示範閱讀策略：討論前先分組，盡量以四人為一組，要是人數不是 4 的倍數則有些人可重複相同的閱讀策略。老師可以將問句寫在黑板上或發給每位學生，讓他們有練習的根據。此外，老師還可以讓學生製作任務卡，即在四張卡片上分別寫下四種閱讀策略的名稱，待角色扮演時將卡片放在前面作為提醒；輪流練習時，只要交換卡片即可。老師先逐一討論並示範每種策略的意思和如何發問。在閱讀前，先由預測者提出預測；大家閱讀後，由提問者開始提問，而澄清者負責找出答案；最後，由總結者進行總結。至於角色的扮演可以等到大家都熟悉自己的角色後再交換，也可以在每一個章節結束後即交換角色。

3. 讓學生實際拿著短文練習閱讀策略，老師從旁指導，老師還可以指派幾位小老師到各組協助指導。

4. 熟練後，老師就可以慢慢將互惠式閱讀融入平常的閱讀課程。老師可以讓學生製作書籤，並寫上四種閱讀策略的名稱，在閱讀時使用以提醒學生。此外，老師也可以再搭配全班性的討論活動，討論那些在小組中仍無法解決的問題，以及學生對互惠式閱讀教學的觀感，並給予回饋，讓學生知道如何修正，老師也能藉此了解目前進行的狀況。

互惠式閱讀教學因為需要大量討論，並閱讀較長的文章，因此適合年紀較長或程度較高的學生。若學生年齡較小，建議老師可以先從閱讀

母語文章開始練習。

8.8　閱讀策略（reading strategies）

　　閱讀策略原來是指在教育現場的老師們觀察優良讀者（good reader）的行為所歸納出來的結果。通常優良讀者在閱讀前能利用舊經驗進行聯想，在閱讀時利用各種策略幫助自己串聯書本中的資訊，促進閱讀理解度和流暢度，並在閱讀後能複習回想應用。因此，若是閱讀能力較差的學生也能學習這些有效率的閱讀模式，相信可以改善他們遇到的困難，並可提升閱讀的效率。

　　目前針對臺灣國小學生語言策略認知及應用的研究有限。有相關研究指出臺灣的小學生是會使用策略的（Lan & Oxford, 2003），也就是說即使是小學生對於策略的使用也有一定程度的認識，而性別、英語能力，及對英語的喜好等因素都會影響策略的運用。關於小學生使用的學習策略，各家分類不一。這節我們要針對閱讀的過程，提出適用於國小學童的閱讀策略和應用方法，來幫助學生強化閱讀技巧，進而能讀、且「悅」讀。

　　開始介紹閱讀策略前，老師必須先定位閱讀策略的教學是有意識或無意識的。其實在指導閱讀中，老師或多或少一定會提到一些策略，像是「想想看，你以前是不是有類似的經驗」（運用舊經驗）、「猜一猜，接下來會發生什麼事」（預測），只是老師可能沒有特別將這些策略整理出來，清楚而有系統地告訴學生這些策略的功用和使用時機。我們建議老師將閱讀策略的教學融入常規課程中的一部分。老師不必告訴學生這種東西叫做「閱讀策略」，但是要讓他們清楚地知道這是可以使用的工具，以及使用的原因、方法和時機，這將有助於學生在進行閱讀時，明確地知道現在該用什麼策略幫助自己。因此，老師在安排閱讀課程時可以選

擇適當的時機穿插一小節閱讀策略教學來引導學生學習。

開始介紹閱讀策略時，我們可以依照下面的順序來進行：

1.預備

開始正式教導閱讀策略前，老師可以先問問自己幾個問題：

⑴ 我自己對閱讀策略了解多少？

⑵ 學生知道多少種閱讀策略？

⑶ 有沒有類似的經驗可以幫助學生進入學習狀況？

⑷ 我要達到什麼樣的教學目標？

心裡有基本概念後，老師也可以以問卷調查的方式了解學生相關的經驗。問卷可以很簡單，主要是為了了解學生對閱讀策略的概念，因此提問幾個基本的問題即可，如：

◗ 請列出三個你知道的策略。

◗ 請用你的話解釋這些策略如何使用？

◗ 這些閱讀策略對你的閱讀有什麼幫助？

2.挑選閱讀策略

老師必須先決定在一學期或某段時間內希望學生學習幾種閱讀策略，再決定指導的順序。一般建議老師們不要操之過急，實際上，一學期頂多介紹四個新的閱讀策略就可以了，因為我們需要時間讓學生有意識地熟悉並練習閱讀策略。而如果在教學過程中偶爾提到一些其他尚未介紹的閱讀策略就當作補充說明，日後再慢慢加入這些閱讀策略詳細的教學內容。

3.閱讀策略討論

有了教學目標，老師就可以和學生討論這幾項被挑選出來的策略。同樣地，為什麼用、如何用、何時用、和怎麼用都是可以和學生討論的要點。

4.示範教學

除了口頭上的討論,更重要的是老師利用真實的閱讀材料進行示範,讓學生化抽象的討論為具體的操作,了解如何實際應用。示範前老師先將要介紹的幾個閱讀策略寫在黑板上,以便隨時提醒學生學習的重點。準備好之後,老師就可以利用說出自己的思考流程來進行示範。

因此,上課的情況可能是這樣的:老師手裡拿著一篇文章或是一本書,口中喃喃自語:「開始讀之前,我先想想我有看過類似的東西嗎?嗯,這是老師教的預測策略。(翻開書)這裡我有問題,為什麼主角要說這句話?(提問)嗯,我可以把重點先記在旁邊免得忘記(做筆記)……」

學生對於這種出聲思考(think aloud)的活動一開始可能會覺得很好笑,但是它卻是相當有效的閱讀策略示範教學。此外,老師除了一邊提供示範,也應該一邊說明為何要有這些步驟,因為學生馬上就要在隨後的練習中實際應用。老師可以考慮實際狀況來決定一次要上幾個策略。如果時間不多,或是今天要教的策略學生比較不熟悉,就可以一次帶一個或兩個閱讀策略就好。

5.實際練習

看過老師的「真人秀」,學生當然也要現學現賣。進行練習時,可以兩人一組,互相觀察對方是否有做到黑板上寫的要點。老師也可以在教室巡視,適時地給予指導。

在這個階段我們希望學生能確實練習,因此老師可以準備不同的文章讓學生輪流練習。等大家都練習得差不多以後,老師就可以將觀察到的現象和學生們討論,提醒注意一些細節並做總結。

6.在閱讀中運用並評估

學習閱讀策略最主要的目的就是可以運用到閱讀中。老師們可以帶領學生製作書籤,上面寫著這學期要學的閱讀策略,夾在書中,讓學生閱讀時能隨時提醒自己;又或是將這些策略做成海報,佈置在教室四周

或是貼在黑板上（參見圖 8.22）。這些方法都是要提醒學生記得利用學過
的策略來進行閱讀。

圖 8.22　貼在教室牆上的閱讀策略海報

　　除了提醒，老師也可以在活動完畢後發下一張小問卷，調查學生使
用閱讀策略的觀感和對這些策略的了解，讓學生再次意識到閱讀策略的

影響，並作為老師下次教學的參考。

　　至於要教授的閱讀策略，老師可以從平時的教學經驗中擷取或是參考書籍，看看哪些年級使用哪些閱讀策略較適合。這裡，我們參考 Robb（1995）的觀察提出適合各年級的閱讀策略。Robb 提出的使用對象是以英語為母語的學童為主，老師可以參酌自己學生的年紀和能力做調整（參見表 8.2）。

表 8.2　各年級建議教導的閱讀策略

年級	2	3	4	5	6
預測（predict）	✓	✓	✓		
重述（retell）	✓	✓			
提問（question）	✓	✓	✓		
重讀（reread）	✓	✓	✓		
猜測單字意思（vocabulary: guessing）	✓				
概覽（browse）	✓				
已知—欲知—如何知—習得（know-what-how-learned）	✓	✓	✓		
單字聯想（vocabulary: connections）	✓	✓			
將概念視覺化（visualize）	✓	✓	✓		
腦力激盪（brainstorm）	✓		✓		
書籤法（bookmarks）	✓	✓	✓		
讀—暫停—覆述（read-pause-retell）		✓	✓		
略過（skim）	✓		✓		✓
注意自己的閱讀速度（reading rate）	✓	✓	✓		
因果關係（cause/effect）	✓	✓	✓		
利用上下文思考（context clues）	✓	✓	✓		
澄清問題（identify confusing parts）	✓	✓	✓		
自我訂正（self-correct）	✓	✓	✓		
選書（book selection）	✓	✓	✓		
製作單字網（vocabulary net）		✓			

和他人討論 （discussion）	✓			
整理成表格 （make charts）	✓			
圖解 （venn diagram）	✓	✓		
摘要 （summarize）			✓	✓
速記 （fast write）			✓	✓
做筆記 （make note）				✓
複習學過的所有策略 （review all strategies）			✓	✓

8.9　閱讀讀本種類介紹

介紹那麼多的閱讀活動之後，在本章最後一節，我們要回過頭來看看究竟什麼樣的讀物適合介紹給兒童們。從文體來分，讀物就可以分為記敘文、應用文、抒情文、詩歌、說明文等不同種類，選擇的時候就必須考慮兒童的年齡。這裡先從最常在兒童英語教室裡見到的無字繪本、可預測情節讀本和基本讀本開始介紹。選擇讀本時，必須考慮兒童的年齡和能力，因此我們這裡會一併介紹閱讀的四大學習階段——啟蒙期、早期、過渡期和拓展期，以及可以用來輔助的閱讀策略。

1.無字繪本（**wordless picture books**）

兒童的閱讀歷程是從啟蒙期（emergent stage）和早期（early stage）開始。這兩個時期的教學重點在聽和說，但並非完全忽略讀和寫。而這兩個時期是打好聽、說、讀、寫能力基礎的關鍵時期，像是分辨字母與發音關係的語音覺識、環境文字的辨讀等。老師可藉由許多「說」的輸出刺激，讓學生擁有豐富的輸入——「聽」；而在視覺方面則要使用大量的圖片來引導學生理解讀本。因此，無字繪本可以應用在最開始的閱讀階段，利用有連貫性的圖片，讓學生練習看圖說故事。若老師覺得無字繪本過於簡單，仍想引入文字，那麼拼讀教學讀本也可以納入考慮。但是

拼讀類的讀本必須具備無字繪本富含圖片、能引導學生理解的特色；內容最好具有韻腳重複、句型結構相同且視覺效果豐富的特性，這樣才能幫助學生學習拼讀單字。結構相同的句型有益於學生們建立學習鷹架，此外藉由圖片的示意，也有助於他們理解單字的字義。在學生們重複地唸讀幾次後，可再請學生加上用手或筆逐字去指單字的動作，開始熟悉由左至右的閱讀方向。 在信誼基金出版社出版的叢書系列 *My First Sound Books*（2000）中，運用韻腳 -ain 的故事就是一個很好的例子：

> Rain rain on the train.
>
> Rain rain on the plain.
>
> Rain rain on the grain.
>
> Rain rain on the chain
>
> Rain rain down the drain.
>
> Rain rain what a pain.

2. 可預測情節的讀物（**predictable books**）

Rhodes（1981, p. 513）建議老師們在學校使用可預測情節的讀物作為教材之一，因為可預測情節的讀物「具有語言自然流暢的特性，字彙與內容又可反映兒童所知的世界」。因此兒童可以預測作者要表達的意思，迅速進入書本的世界。此外，Rhodes 還認為，可預測情節的讀物有幾個重要的特徵，像是重複的句型，和在圖文、句型和整體故事架構上的緊密關聯性，所以特別適合運用在兒童閱讀中。

因此 ，可預測情節的讀物接在無字繪本後 ，讓過渡期（transitional stage）的兒童閱讀是再恰當不過了。此時期的學生不需要做拼讀的練習，他們還需要更多的磨練，以培養認識較進階的單字或句子的能力。故事書本身不但容易引起學生的學習動機，書本裡豐富的圖片也很適合做圖

片導覽的教學；若再加上內容重複的句型，就可以製造出易於預測的情節。當學生在預測句型或劇情時，有助於他們及早了解閱讀策略的使用時機，提升他們的閱讀效率；尤其是在對初級階段的學生說故事時，更可利用這種技巧，由老師帶著學生一頁頁地看圖片和唸讀重複的句子，並且逐頁地以問題引導他們了解大意，達到閱讀理解的目標。

除了利用可預測情節的讀物進行朗讀和故事教學來灌輸語言詞彙，若還要進一步讓學生們認識單字、句型和文法，就可以把之前提到的引導式閱讀和分享式閱讀再加進來。

3.基礎讀本

接下來學生就要進入閱讀拓展期（extending reading）。從過渡期邁入拓展期，大部分學生的語言表現特色也漸漸從語言創意期（invention）過渡到語言標準期（convention）。所謂語言創意期是指，在尚未具備足夠的能力去使用正確的字來表達自我時，學生會產生自創字或句的現象。出現在自創字、句中不很正確的拼字或文法，只要在能猜測得出意義的範圍內，都是可以被允許的，因為至少學生已經開始嘗試語言輸出了，即使不是完全正確，但老師可從中得知他們的問題在哪裡，進而給予改進的建議。長期累積下來，學生們便能漸漸地由創意期過渡到標準期。

在學生進入拓展期時，若仍是常呈現這種創意性拼字，那麼就應該要被適度訂正。從過渡期開始，因為開始接觸有文字的可預測情節讀物，學生們所呈現的創作開始趨向所謂的「標準」，這點從學生們的寫作模式、字母大小寫、標點符號、正確的拼字或流利的閱讀上顯露出來。因此，學生進入拓展期時，除了可預測情節的讀物之外，老師們可以開始展示各種不同的文體，諸如說明文、敘述文等，和不同形式的讀本，諸如故事、文章、報紙、小說和書信等等。其中分級讀本（graded readers）、真實讀本（authentic materials）及章節讀本（chapter books），都是適合拓展期學生的讀物。以下就針對章節讀本和分級讀本，提供更詳細的說明：

⑴ 章節讀本（chapter books）

此類型的讀物已跳脫繪本的形式，整本書沒有圖畫或者圖畫僅是點綴作用，如 *The Magic School Box*。這類書的分量大抵是薄薄的，上面有大大的字體，每個章節約有一、兩頁，而整本書的字數大約有一、兩百字。選擇這種讀物的目的是希望學生從啟蒙期過渡到拓展期的這段期間內，能漸漸地培養閱讀真正書本的能力。

⑵ 分級讀本（graded readers）

分級讀本通常是成套販售，其中再依程度劃分成不同的等級；同一級中會有幾本程度相當的讀本，當學生完成這個階段的讀本後就可以繼續挑戰高一級的讀本，因此我們可以說分級讀本相當符合 i + 1 的教學理念。每本讀本通常都會搭配指導手冊，老師可根據手冊中的教學要點，挑選適合學生程度的重點呈現給學生，並提問主題與學生現實生活相關的問題，協助他們由現實生活經驗去印證書本中的概念。等讀完一本後，再讓學生繼續閱讀同一分級的其他讀本。下面提供分級讀本的教學流程給老師們參考：

a. 封面（front cover）：介紹封面的圖片或照片、主題、作者、出版社等，在介紹的同時也可以請學生跟著逐字指。

b. 標題頁（title page）：請學生指出主題並詢問學生圖片或照片內容。

c. 內文（text）：可藉 5W1H 的問句：why, who, what, where, when, how 引導學生觀察每頁圖片的內容，而後再讓學生以口述或手指指出內容的方式作為回應，藉此老師可以確認學生是否知道閱讀的方向、順序以及他們的認字能力。經由如此反覆帶讀的過程，也可以強化學生在字音、字義和字形方面的結合，以及正規寫作方式（writing convention）。

d. 老師在帶讀完之後，可以透過詢問學生在讀本裡所看到的部分，以確認他們是否理解，甚至可以再請學生以個人或是小組合作畫圖的方式，讓學生表達他們對讀物的了解或是抒發他們的讀後感。

　　e. 小書製作：可以讓學生進行小書製作的活動，主題可以和文本類似或相同，內容則是讓學生自由創作。

　　f. 遊戲：最後如果時間允許，可再帶著學生玩單字遊戲。進行的方式是老師唸單字或句子，學生經由聽而後猜測此單字或句子中有多少的音素或音節等，同時老師可透過用手打拍子的方式讓他們有 syllabus 的概念。又或是讓學生找韻腳，請學生從書裡找出哪些字是互相押韻並將它們圈起來。若老師要評量學生是否可以往下一階段邁進，可以利用下面幾項基本的評估標準，例如：

　　◗ 是否能正確地指出閱讀的方向。

　　◗ 是否能依老師的口令找到正確的字。

　　◗ 是否能找出及辨認高頻率字。老師可將許多的字（若要增加難度，可再加入以前所學過的字）擺在一起，讓學生找出指定的高頻率字。當學生能在不同的文本範圍中找出相同的字，就代表他們已經了解這些單字了。

第9章 增加讀、寫流暢度

（increasing reading and writing fluency）

英語低成就學生在英語表現上最大的問題是閱讀不流暢，即對於已經學過數次的字無法記住，常常有閱讀中途停頓或放棄繼續閱讀的狀況。這樣的情形會影響學生理解文章的程度，使其在英語成就測驗上表現不佳。因此，培養閱讀的流暢度，是幫助英語低成就學生提高英語表現能力與學習成就的首要工作，而流暢度已被許多研究視為學生語言能力的重要指標之一。所謂的閱讀流暢度，大體上是指能夠快速、平順、不費力且有自動認字解碼技巧的發聲閱讀行為；美國國家閱讀委員會（the National Reading Panel）則明確地將其定義為「快速、正確、帶有感情的朗讀」。閱讀時，認字和理解這二項認知行為會互相爭取讀者的注意力。當花越多的注意力在認字時，需要花在理解層面上的力氣就越少，因此，流暢度就好像架設在認字及理解上的一座橋，當學生能流暢閱讀時，他們才能不費力氣地去正確快速認字，就可以把更多的注意力放在理解文章內容以及連結本身的先備知識與文章內容上。換句話說，無法流暢閱讀的學生，閱讀時可能是一字一句，或重複或漏字，或停頓在不該停的地方，造成朗讀起來不自然、斷斷續續，這種不流暢的朗讀，自然會造成理解力層面上的不足。

要讓閱讀流暢，決定於讀者對於文字和主題的熟悉度，初學者因為必須花費許多精力於認字中，當然閱讀會較不流暢。然而，即使當學生能達到目標快速自動閱讀時，如果沒有注意到語氣聲調或是抑揚頓挫，他們的閱讀也有可能不自然。語氣是由一些口說語言特徵編輯而成，包括重音、高低起伏、音調、速度和停頓。能夠抑揚頓挫的閱讀反映出讀者對於語句和句型的了解，也代表了對文本內容提供的閱讀線索，包括標點符號、標題、不同字形字體（大小寫或粗體字）的理解。就像幫助

聽者理解口說語言一般，語氣也幫助讀者理解書寫語言。美國國家閱讀委員會在西元 2000 年的報告中指出，閱讀流暢的讀者可以理解到標點符號所提供何時停頓以及停頓多久的線索，粗體或大寫字體則提醒他們何時去強調或修正語氣，運用這些訊息，閱讀流暢的讀者可以快速、下意識地去建構他們所讀內容的意義，大幅提升閱讀理解度（鄒文莉，2005）。

　　既然流暢度對閱讀影響如此巨大，該如何協助學生增進閱讀流暢度呢？美國國家閱讀委員會建議二項教學方式──重複朗讀和個人默讀。這兩個方式皆提供學生增進閱讀流暢度的機會，重複朗讀要求學生在指導下重複閱讀內容，而個人默讀則鼓勵學生大量閱讀而不加以指導及規範（鄒文莉，2006）。默讀在第八章已經討論過，這裡我們要特別挑出重複閱讀和其延伸的教學活動──讀者劇場，了解它們如何幫助兒童增加閱讀的流暢度。而在增進寫作流暢度方面，我們則要利用日誌寫作來幫助兒童達到流暢寫作的目的。本章談論有關於讀者劇場的內容與例子主要改寫自作者另一本重要著作《教室裡的迷你劇場》一書，欲對讀者劇場的教學內容或是劇本寫作做進一步了解的讀者可以參考此書。

9.1　重複閱讀（repeated reading）

　　英語學習的成功與否，端賴學生的解字（word decoding）的速度與正確性。許多研究都發現，想要提升學生的解字能力，可以利用重複閱讀（repeated reading）來讓學生經由增長接觸的時間，增加記憶此字的可能性。又如果學生重複閱讀時能注意到文字的韻律等特性，將更能提高學生記憶新字的比例，增加解字的成功機率。在第一語言學習的研究中，重複閱讀對閱讀流暢度與閱讀理解的助益已被證實　（可參見 Kuhn & Stahl, 2003 及美國國家閱讀委員會〔the National Reading Panel, 2000〕的相關研究）。此外，重複閱讀對於增進學生口語的流暢度與正確度也頗見成

效（Carver & Hoffman, 1981; Chomsky, 1976; Dahl, 1974; Dowhower, 1987; Herman, 1985; Rashotte & Torgesen, 1985; Samuels, 1979; Young, Bowers & MacKinnon, 1996）；而流暢度與正確度的提升，也進而強化讀者對文章段落的理解（Dowhower, 1987; Herman, 1985; O'Shea, Sindelar & O'Shea, 1985; Young et al., 1996）。除了能加強學生對已閱讀段落的印象，重複閱讀的結果對於尚未閱讀的段落也有提升流暢度和正確度的效用（Carver & Hoffman, 1981; Dowhower, 1987; Faulkner & Levy, 1994; Herman, 1985; Rashotte & Torgesen, 1985; Samuels, 1979; Dowhower, 1987; Morgan & Lyon, 1979; Young et al., 1996）。Koskinen 和 Blum（1984）以及 Dowhower（1987）在研究中也發現重複閱讀對單字發展與語音覺識的正面助益，但是 Rashotte 和 Torgesen（1985）也提醒老師們如果新舊段落間的單字重複性不高，重複閱讀對新段落的閱讀速度則影響有限。既然重複閱讀在第一語言中有重要的影響力，外語教學者自然也想了解這套教學理念是否可以幫助外語學習者。事實上，發展外語學習的流暢度也成為外語教育中的重要議題（Grabe & Stoller, 2002; Nation, 2001）。因此，就像 Grabe（2004, p. 56）指出的「有關外語閱讀的研究應該多探索最佳的實際操作，以直接協助發展閱讀流暢度，如此至少能對閱讀理解的進步產生間接的影響力」，重複閱讀就是能實際操作於課堂中來增進閱讀流暢度的活動，也可以說是幫助外語學習者建立閱讀流暢度與理解度的有效方法 （Blum, Koskinen, Tennant, Parker, Straub & Curry, 1995; Dlugosz, 2000; Taguchi, 1997; Taguchi & Gorsuch, 2002; Taguchi, Takayasu-Maass & Gorsuch, 2004）。

　　下面先介紹幾篇有關重複閱讀的文獻，以探討重複閱讀如何運用在不同的閱讀環境中，之後再介紹實際運用重複閱讀於課堂的技巧。首先，Blum, Koskinen, Tennant, Parker, Straub 和 Curry（1995）做過一項研究，探討家庭內利用錄音帶進行的重複閱讀活動是否對與外語學習者有所助益。結論顯示，重複閱讀的確能增進讀者的流暢度與理解度，讀者也反

應重複閱讀能激發學習動機，而學習動機正是外語教學中影響學習的重要因素。Taguchi（1997）則是以 15 位學習英語為外語的日本大學生為研究對象，測試重複閱讀對英語口語表達和默讀行為的成效，其中較值得注意的是程度最低的學生在朗讀新文章的速度上確實有顯著的進步。受到這項研究結果的啟發，Taguchi 和 Gorsuch（2002）特別針對重複閱讀對默讀速度和對新舊文章的理解間的轉換，繼續深入研究，但這次的研究結果並無顯著的發現，他們認為實驗時間不夠長（僅十週）可能是導致結論無顯著性的原因。因此 Taguchi, Takayasu-Maass 和 Gorsuch（2004）改用較長的實驗時間，繼續探究重複閱讀對默讀速度和閱讀理解的關聯與影響。他們比較重複閱讀和泛讀（extensive reading）這兩種被認為能有效提升閱讀流暢度和理解度的方法（Day & Bamford, 1998）。這次，他們發現重複閱讀能顯著增進默讀速度；至於閱讀理解的轉換，研究者仍無法察覺重複閱讀對它的作用機制。這樣的結果引導研究者藉著越南來的學習者進行更精細的測量。Taguchi, Takayasu-Maass 和 Gorsuch（2004）在研究中增加有關閱讀速度的研究，利用蒐集參與者的意見，探究他們對這兩種閱讀方法的看法。參與者表示重複閱讀和泛讀的確能提供外語的輸入（input）並提升單字量。值得注意的是，進行重複閱讀的參與者表示，重複閱讀更能提升他們的閱讀理解。參與者的意見除了顯示重複閱讀的獨特重要性，也證明重複閱讀的技巧能提供學習者，尤其是初學者，需要的鷹架與輔助，使他們保持對閱讀的樂趣與動機（Feitelson, Goldstein, Iraqui & Share, 1993; Vygotsky, 1978）。

重複閱讀是 Samuels（1979）將自動化理論（automaticity theory, LaBerge & Samuels, 1974）轉化成實際應用而發展出來的活動。近來，重複閱讀有更多修正與更新的做法。研究文獻中可以發現許多種重複閱讀的模式，有的重複閱讀不提供閱讀示範（reading model）；但有的會提供現場或錄音效果的閱讀示範，例如邊讀邊聽法（the reading-while-listening method,

Carbo, 1978; Chomsky, 1976; Rasinski, 1990）會讓學生獨自聆聽錄音帶並閱讀文章。另外，Heckleman（1969）提出使用神經性印記方法（neurological impress method），這是一種老師和學生兩人一組的快速閱讀活動。簡單說來，在教學上，重複閱讀是指反覆閱讀一段簡短且有意義的段落，直到達到一定程度的流暢度（每分鐘 85 個字），再繼續進行下一小段的閱讀任務。重複閱讀的目的在於增進流暢度，以改善閱讀理解。Rasinski（2006）指出，提升學生閱讀流暢度的教學必須注意三項重要的策略（簡稱 MAP 策略），分別為： 1.教師示範何謂流暢的閱讀（model fluent reading）， 2.閱讀時提供輔助（provide assistance while reading），以及 3.提供學生練習的機會（provide opportunities for students to practice reading）。以下就針對這三點提出進一步的說明：

1.教師的示範（model）

教師向學生示範何謂流暢的閱讀，包含正確性、速度以及有意義的表達方式。

2.輔助閱讀（assistance）

輔助有二種方式；一種是指教師唸讀句子給學生聽，隨後學生看著文本，並跟著朗讀，這種視聽雙重管道的結合有助於學生對字的認識；另一種是指教師坐在學生身邊一起唸讀，並適時矯正學生的發音。上述之輔助過程約為 10 到 15 分鐘。Topping（1995）指出，這種輔助對於學生的閱讀流暢度、識字能力及理解力均有正面的影響。

3.重複閱讀的練習（practice）

要增進閱讀流暢度，練習重複閱讀是很重要的方法之一。重複閱讀旨在幫助學生花更少的力氣在解字上，進而把注意力放在理解文章上。最重要的是，重複閱讀具有學習遷移的作用，意指學生在學習新的且較困難的段落時，也同樣有所進步。另外，重複閱讀也可結合多種不同的教學形式，例如聽錄音帶或表演，讓學生以更多元化的方式學習。

以下再整理出一些運用到重複閱讀概念的教學活動（張宛靜，2007；Rasinski, 2003）供讀者參考：

1.合作唸讀（cooperative reading）

合作唸讀是一種可以讓全班共同參與的教學方法，在小組裡藉由分配工作、提出建議，讓程度較差者也能有參與的樂趣。小組成員除了貢獻自己的點子，同時對於其他組員所提供的意見，也要表達支持。合作唸讀鼓勵所有成員踴躍參與，並讓他們了解，表演的精采成功端賴於所有的唸讀者，一場表演不能單靠一個唸讀者來獨撐大局，每個人的努力都是成就作品的一部分。

2.輪流唸讀（circle reading）

輪流唸讀時，老師會事先將劇本發放到每個學生手上，請他們默唸整個故事；接著請全部的人圍成一個圓圈，由左邊第一位唸讀者唸出第一個唸讀的部分，第二位唸第二個部分，以此類推。待輪流唸讀完一圈之後，先花點時間來討論方才唸讀的內容，再徵求自願者擔任特定的唸讀者，並請他們在自己的臺詞部分畫線，然後大聲地唸讀。接下來依循圓圈的順序輪流交換角色及劇本，活動依此模式持續下去。輪流唸讀能夠使學生經歷不同的角色，用自己的方式詮釋並賦予劇本的人物生命，並在最後找到自己最喜愛的角色。所有的活動是在輕鬆、公開討論的氣氛之下進行的，學生因而樂於參與學習。

3.分享閱讀（shared reading）

前面的章節裡已經提過分享閱讀，這裡再提示一些小技巧讓老師們參考。分享閱讀著重學童與學童間，以及學童與教師之間的分享。此一閱讀方式通常需要好幾天的時間，由教師帶著學生重複閱讀，並著重學生閱讀的流暢度及表達方式。此方法適合較無法獨立閱讀的學童。而可以使用策略有：(1) choral reading: 教師與學生一起唸。(2) echo reading: 由教師先示範，學生再跟著一起唸。(3) two-part reading: 將學生分成兩部分，

A 組學生唸完 A 部分之後，再由 B 組學生唸 B 部分。(4) partner reading: 學生兩人一組，A 生唸完一句之後，再由 B 生唸下一句，兩人交替以達到分享閱讀的效果。

4. 讀者劇場（readers' theater）

讀者劇場可以說是由重複閱讀的概念中延伸出最常使用且成效頗豐的教學活動。首先，讀者劇場融合了戲劇表演的元素。與戲劇演出不同是，讀者劇場重視每個角色都有相等分量的臺詞，因此小組裡的每個人都有機會上臺表演，並將自己的臺詞唸得有聲有色，因此讀者劇場提供學生足夠的學習動機，激發學習興趣，大大降低了傳統重複閱讀可能產生的單調與無趣感。此外，在讀者劇場的進行過程中，老師透過各階段的活動，如導讀、輪讀、討論、排演等，引導學生自然且主動地進行重複閱讀；而每個階段的活動目標又有些許不同，因此在過程中，讀者劇場比起單純的重複閱讀活動更能幫助學生兼顧閱讀理解與閱讀流暢度。因為讀者劇場近來已然成為英語教學的顯學之一，下面的章節將仔細介紹讀者劇場，從概念到活動設計一一與老師們分享。

9.2　讀者劇場（readers' theater）

讀者劇場為重複閱讀中被廣為利用的課堂活動，而許多研究也已然證明了讀者劇場對提升閱讀流暢度有正面的效益。讀者劇場在國外風行已久，但這幾年才開始引進臺灣。雖然讀者劇場引進臺灣的時間不長，但許多縣市已經在作者的協助下陸續舉辦研習和比賽來推廣這項能提升學生閱讀流暢度與理解度的課堂活動。本節將介紹讀者劇場的概念，以及實際運用的教學技巧，並舉一些簡易的劇本為例讓讀者了解。

簡單說來，讀者劇場是一種以文學為主的朗讀活動，而文學的定義很廣泛，除了戲劇劇本之外，其他各種文類例如：短篇故事、小說、詩

歌、信件、散文、札記、廣播或電視腳本，甚至是教科書中的文章，都可以作為讀者劇場的劇本材料。進行讀者劇場時，2 位或 2 位以上的演員透過朗讀呈現故事情節，輔以肢體和聲音的變化，使觀眾能融入作品並產生交流。與戲劇不同的是，在讀者劇場的表演中，臺詞是被「唸」出來，而不是「背」出來，因此讀者劇場可說是最簡單的劇場表演模式。不像戲劇需要應用許多背景道具、化妝、燈光、服裝等舞臺效果來吸引觀眾，讀者劇場的表演者僅利用聲音、表情、手勢或簡單的位移重新詮釋文學作品，使唸讀內容透過演員的表情和聲音在觀眾眼前上演。因此，與戲劇相比，讀者劇場的表演更需要讀者的想像力來共同豐富並活化表演內容。

　　Walker（1996）的書提到讀者劇場對英語為第二語言（ESL）或外語（EFL）教學上的益處。首先，讀者劇場運用在英語教室中是一種融合樂趣、語言和閱讀策略的教學活動。這種以樂趣為基礎的教學活動自然能讓英語學習者增加學習信心，並增進口語能力以及發表和合作學習的技巧，而學生的字彙能力也會在反覆閱讀中自然增強。雖然讀者劇場的活動過程與表演方式和戲劇表演相似，也都能提供學生許多練習語言的機會，但是因為戲劇牽涉了許多舞臺效果的設計和角色主從之分的問題，相較之下，與戲劇有類似功能的讀者劇場執行起來就容易多了，而且更能兼顧每位學生的能力與演出機會。

　　如上面提到的，讀者劇場僅靠演員的聲音及表情來吸引觀眾，因此演員必須經由多次的唸讀練習以達到唸讀流暢且生動的演出，而臺下觀眾的反應就是立即的回饋。因為讀者劇場結合發音閱讀、文學作品和戲劇表演於語言學習中的特性，因此它在教學上變成一種可以引起高度動機的課堂活動。學生可以運用不同的朗讀方式搭配各種表情，賦予文句不同的意義，再透過音量高低、重音和語調，引領讀者深入文字及角色。就教學意義來說，當演員唸讀劇本時，他們要利用語調（包含對於停頓、

音段、連音等的了解）呈現讀本的情緒，這個步驟能幫助學生了解口說語言的多樣性。此外，為了有符合內容的表演，演員必須確實理解文本的內容，在這個過程中，也等於提供多次機會讓學生接觸到所要學習的單字和高頻率字。此外，上臺演出也給予學生一個動力強大的動機去練習閱讀，學生是直接或間接地被鼓勵去練習口語流利度，例如：停頓、語調和音調，並視觀眾的熱烈反應為最佳的回饋，給予下次練習新劇本的動機。從這裡看來，讀者劇場的教學活動是一項良性的循環，可以為閱讀常規活動提供一個有趣、有效又有目的的重複閱讀活動。

讀者劇場除了有益於提升閱讀能力，也提供聽眾練習聽力的機會。當觀眾聆賞演出時，他們會有機會去分析對話以及溝通意義，從演員的表情手勢中學會猜測演出的大意，並增加對劇本的認知及欣賞能力。從這裡我們可以看出，讀者劇場是一種讀劇者、觀眾及文本三方互動的教學活動，透過這種互動式的活動，觀眾將因為其趣味性而產生回饋，而讀劇者也能以更積極的態度去回應劇本和觀眾。讀者劇場不但強化了閱讀的社會性，在此過程中也提供不同程度的學生一個同儕互助以及合作學習的機會。

在了解讀者劇場對於語言學習的好處後，以下來談談與讀者劇場相關的一些教學活動。在國小英語教學現場，故事書是一種被廣泛使用的延伸教材，因此將故事教學與讀者劇場結合可以說再自然不過。除此之外，利用其他的文本，如課文、詩歌、改編劇本等讓學生練習演出，也是課堂上常見的讀者劇場活動。下面我們將先從故事教學與讀者劇場的關連開始介紹，接著討論讀者劇場中可以使用的劇本教材，再延伸至讀者劇場的指導技巧和教學活動。

故事教學與讀者劇場

我們可以將讀者劇場視為許多人一起說一個有趣的故事，利用每個

人不同的聲音與表情來強化並豐富故事的內容。首先，在課堂上老師可以先說完一個故事，再透過分享閱讀、引導閱讀等各種閱讀技巧和教學活動，引導學生多次精熟文本，增加學生對故事內容的熟悉度，並強化他們運用該故事語言的能力。除了常見的故事覆述，老師也可以利用讀者劇場帶領學生一起修改故事，將故事的文本改成劇本形式，讓他們從過程中了解故事書中的書寫文字和讀者劇場中的口語文字間的差異。如果學生的語言能力尚未成熟，老師可以先行將故事改成讀者劇場劇本，再讓他們去討論出劇本和故事文本間的差異。因為學生之前已經透過各項課堂活動熟悉故事內容，因此拿到改寫的劇本後比較容易上手。分配角色並練習之後，同組的演員就可以一同上臺表演讀者劇場，臺下的學生也可以經由觀賞同學的演出再次聆聽故事。有趣的是，在改寫故事時，每一組學生改寫劇本的方式和演出方式或許都不一樣，因此最後故事呈現的風貌也會不同，大大增加觀眾對於演出的期待。

　　如果有時間的限制，老師也可以講完兩、三個故事後，再將這些不同的故事情節融合成一份劇本，進行讀者劇場的活動；或是將學生分為數組，每兩組分開改編同一個故事，每堂課只要讓改寫相同故事的兩組上臺表演即可。這樣做的好處是如果所有的組別都表演同樣的故事，可能因為重複性太高而失去對觀眾的吸引力，若能有不同的改寫劇情和結局，學生比較容易產生期待，提高學習的專注力。

　　知道了如何使用故事書來進行讀者劇場，老師還必須能考慮學生的年紀、程度和對讀者劇場的熟悉度來做修正。一個可以掌握的基本原則是，對於剛接觸讀者劇場的學生，或是年紀還小及能力尚未成熟的學生，老師必須負責改寫劇本，也不能選太難的劇本，否則小朋友會看不懂、唸不流暢，失去繼續嘗試讀者劇場的信心；但也不能選得太簡單，否則學生會感到單調無趣，視表演為流於形式地上臺唸唸劇本，並沒有從中獲得樂趣，引發學習興趣。因此老師在挑選劇本時最好能符合 Krashen 的

i + 1 概念，適度地增加難度，讓學生有挑戰自我的機會。除了注意劇本的語言程度，劇本的內容也是一項挑選要點：程度初階的學生適合簡單的故事，程度較高的學生則可以用情節複雜一點的故事。

等學生已經熟悉讀者劇場的表演模式，並能駕馭自己的語言能力時，老師便可讓學生嘗試改寫劇本，於口語練習外多收寫作練習之效。老師可以先從改寫句子開始，讓學生練習替換關鍵字、詞以及句子，之後再慢慢拓展到改編角色、場景、結局甚至於整份劇本。此外，如果老師擔心太多的課外補充教材會影響學生學習課本內容，也可以要求學生將課本內容改寫成讀者劇場劇本，如此除了落實聽、說、讀、寫四項技能的訓練，又能收到複習課程的效果，可說是一舉數得。要注意的是不論是改寫或是撰寫完整劇本，老師都要給予範本，讓學生了解寫作的目標和要求；老師甚至可以自己先示範一至二次的改寫過程，如此一來，學生有範例可循才不至於無法下筆或言之無物。

創作劇本時必須注意劇本的實用性、格式和文法。首先在劇本的改編或應用上，要注意劇本的重複使用性。尤其臺灣的英語教師屬於科任教師，一位老師往往要帶許多班級，因此要注意如何讓一份劇本被各班學生熟悉且達到最大的利用價值，避免浪費過多的人力及物力。在編寫或排演時，必須注意到因為讀者劇場的主要目的不僅是表演，更是給予學生練習重複閱讀的機會，因此應該盡量讓學生飾演不同的角色，了解各個角色間不同的語言表現，以增加學生和劇本互動的機會。同時，這樣的概念應用在劇本的裝訂及列印上，就有幾點小技巧要注意，才能讓學生唸得方便、唸得多。首先，每一頁劇本都要有足夠的留白以供裝訂，方便唸讀時翻頁。劇本的封面除了像故事書一樣有劇名、作者外，還要加上角色一欄，讓學生填入自己扮演的角色，並用有色螢光筆標明這個角色的臺詞。如此一來，組員交換角色時只要換劇本即可，劇本跟著角色走，不跟個人走。在劇本內容的排版上，角色名稱的字體可加粗、加

大，讓學生在唸讀時容易找到自己的臺詞。不同角色的臺詞之間要有明顯的留白，除了讓學生容易辨識臺詞的位置，也可當作筆記的留白處。在分配角色臺詞方面，不論學生的程度高低，在讀者劇場中每個人都要盡量分配到相同分量的句子。

對於年紀小或是剛開始學英文的學生，可以用很簡單的方式來呈現讀者劇場，學生可多人一起唸讀劇本中重複的部分，或分開唸讀較為簡單的句子。老師可以幫學生將臺詞分成很小的意義單位，每人可以僅負責一句話、一個字甚至是一個音（例如回音）。以下從《教室裡的迷你劇場》中挑選出兩個例子說明。例如讀者劇場的主題如果是描述下雨的情境，每個學生可能只需要負責一個聲音，讓學生在不知不覺中重複練習phonics（dr）；透過讀者劇場的練習，即使是單一的語音練習也可以變得有主題、有內容、又有趣。以下是兩則發音讀者劇場劇本供讀者參考。

Raining (dr)

S1: drip-

S2: drop

S3: drip-drop

S4: drip-drop-drip

S1, 2, 3, 4: (repeat their lines twice together)

S5: Drummm (thunder)

S6: It's raining.

Skiing (sk)

S1: Ski under the sky!

S2: Ski at school under the sky!

S3: Ski with Skipper at school under the sky!

S4: Ski with Skipper and Scanner at school under the sky!

All: SSSKKK!!!（呈現主要發音）

資料來源：鄒文莉，2006。

　　此外，學生學語言的單位是由小到大分階段進行的，從單字、片語、句子到整段文章，因此讀者劇場的劇本也可以分單字、片語、句子到整段文章的階段進行。除此之外，甚至簡單如字母，也可以讓剛接觸英文的學生以讀者劇場呈現。例如：S1 說出字母名；S2 說出字母發音；S3 做出字形；S4 說出句子。如：

S1：（說出字母名）a

S2：（說出字母音）a

S3：（用身體畫出字形）a

S4：I am eating an apple.

資料來源：鄒文莉，2006。

　　之後再繼續字母 b 的練習。每一組讀者劇場可以負責五到六個字母的表演。而有了基本字母或發音的練習，比較長或較複雜的句子則可以留給程度好的學生。

　　除了直接使用改寫故事的劇本，讀者劇場也可以使用在第一堂課自我介紹時，將老師或同學的名字轉化成讀者劇場劇本。這樣的劇本雖然包含的字彙較多，但是建立在學生已經認識的英文名字基礎上，對學生來說不算是很重的負擔。在設計劇本時，大家不但可以牢記每個名字的拼法，連名字主人的個人特質、喜好等都能有所認識、了解。以下提供兩則學生的作品供讀者參考：

Name Scripts

Jell-O is my favorite dessert.

Eric is my best friend.

Swimming is difficult but

Sailing is fun.

J-e-s-s, Jess is my name.

Jellyfish lives in my room.

Eggs always appear in my breakfast.

Sheep come in my dream at night.

Screaming is my talent.

Ice cream is my favorite food.

Elevator is my best friend.

Can you tell what my name is?

資料來源：鄒文莉，2006。

編寫劇本時，除了撰寫臺詞，老師還可以提醒學生在臺詞前後加上一些提示表演的註記。下面就舉一些例子來說明：

　　◗ 在臺詞後面加上動作，如：Reader 1: It's a flower.（拿著花站出來）。
　　◗ 在臺詞前面加上說話對象，如：Reader 1（轉向 Reader 2）：Hello!

最常見的則是在臺詞前加上表情、形容詞或副詞來提示唸讀的方式及情緒表達。例如：

Reader 1: (cold and angry) I would not go.

Reader 2: (sadly) You would not go then.

表情語詞可參考 Longman（1999）出版的 *1000 + Pictures for Teachers to Copy*，這本書（參見圖 9.1）裡面有許多關於名詞、形容詞、動詞等不同詞性的情緒字圖示。老師可以影印後讓學生做成一本小字典，成為他們進行讀者劇場時的情緒字工具書，如此一來可免去學生反覆提問情緒單字的情況，而學生本身也可以從查閱工具書中學習更多的表達方式，並反覆閱讀這些單字達到能運用自如的階段。

圖 9.1　情緒小字典範例

資料來源：Wright, A., *1000 + Pictures for Teachers to Copy*, Longman, 1999.

準備上臺——教學流程和演出注意事項

　　讀者劇場是一種能兼顧聽、說、讀、寫學習的教學活動，老師可以根據自己想要加強的教學項目方式進行讀者劇場。當老師的教學重點是訓練聽、說能力時，老師可負責改寫劇本，將重點句多次呈現於劇本中，讓學生練習並達到最大的學習效果。除了重複重點句型或字彙，老師也可以找句型及文法結構相似的材料讓學生套用練習；或是利用情節相似的故事讓學生應用重點句型改寫出不同結局的故事。以 *Is This Your Egg?* 這本繪本為例：有個小朋友在路上撿到一顆蛋，於是她在路上每遇到動物便問 Is This Your Egg? 那顆蛋到底是什麼蛋呢？每組小朋友的結局都可以不一樣，可以是鴨蛋、雞蛋、鳥蛋，甚至是恐龍蛋。相同的故事，只要結局不同，便可以燃起學生猜測的好奇心及興趣，提高學習的動機和樂趣，使學生在不知不覺中以一種正向積極的態度學習語言。

　　此外，將一位作者不同系列的作品介紹給學生也是另一種進行讀者劇場的方式。每一組可負責呈現不同的故事，分工合作之下，學生一次可以聽到不同的故事，對作者的寫作風格也會更熟悉。另外，老師也可以配合學校的活動或是節慶選定同一個主題，讓學生以此主題尋找類似故事或撰寫劇本，如：讓學生分組表演好幾個以母親節為主題的劇本。這些方式都可以讓讀者劇場的學習變得更有趣且多變化。

　　如果老師教學重點著重在讀、寫，可以花比較多的時間讓學生讀懂故事並練習編寫劇本。一開始，可以先改寫部分劇本，讓學生了解劇本的格式之後，再慢慢增加撰寫內容的分量，最後再逐漸培養學生獨立撰寫一份劇本的能力。學生在撰寫劇本初期，首重流暢度，也就是能想辦法將自己想表達的意思和劇情，以有邏輯的方式呈現；之後，再考慮在臺詞後加入表情及動作。而老師可以隨時加入觀察、適時引導，等學生大致完成劇本後，再為學生修改文法和潤飾文句。各組在寫作過程中就可將改編的作品呈現給同學欣賞並相互觀摩，也可提供絞盡腦汁的組別

一些參考的方向。

　　一般而言，在小學實行的讀者劇場活動，需要三至五次的上課時間。如果想要全班都參與，可將學生分組，每組的人數可根據劇本的難易度調整，但一般來說約為五到八人。而挑選的故事最好是簡單、生活化，而且有許多的對話和動詞為主，如此表演起來會更自然生動。作者為國小課堂中如何執行讀者劇場設計了下面的流程提供有興趣的老師參考：

讀者劇場教案設計參考：

針對想執行讀者劇場但又有時間壓力的教師，建議將一個劇本分三堂課執行，每次約 20 分鐘。一個學期大約可以練習三個劇本。

第一堂課	● 運用說故事、分享閱讀、引導閱讀、朗讀故事書等方式帶領學生讀文本（5—8 分鐘） ● 唸讀練習關鍵句，強調語氣、斷句與連音（12—15 分鐘）
第二堂課	● 示範唸讀劇本（5 分鐘） ● 小組輪流唸讀劇本內容（5 分鐘） ● 討論文句表情（5—8 分鐘） ● 分配角色及預演（3—5 分鐘）
第三堂課	● 分配角色及預演（5—8 分鐘） ● 小組讀者劇場呈現（8—10 分鐘）

　　在第一堂課的一開始，老師可以按照平時上課的設計進行循常教學，在介紹完文本後，在後面的上課時間中，先抓出會在劇本出現的主要句子加強唸讀練習，此時可以提醒學生應用字母發音法的規則於唸讀中，同時也教授句子中最小意義單位的辨認，讓學生了解如何斷句，也同時交代標點符號的功用，提供學生唸讀的線索。

　　在第二堂課的 20 分鐘裡面，老師可以先複習課文內容，再發下根據文本所改編的劇本，示範唸讀過程，目的是為了加強學生對內容的理解。接下來即可要求學生分組輪讀，不分角色，一人一句，目的是透過同儕

學習及合作學習，再次強化學生對文句的理解及唸讀流暢度。通常在大班教學中，老師很難兼顧每位學生的程度，因此即使有學生跟不上，老師也不易發覺；但是透過小組輪讀，因為剛剛聽完老師的示範唸讀，小組中總是會有部分的人能跟得上進度，加上句數也不多，在合作學習下，不會的學生也有機會跟上。因此輪讀不但提供重複閱讀的機會，也提供學習鷹架的支援。小組輪讀後，即可進行文句表情的討論。通常在劇本的安排上，讀者劇場傾向於在每一句的開頭填上語氣或表情（如下例），因為讀者劇場是團體的呈現，每一組學生必須要共同決定整個劇本的唸讀方式，包括每一句的情感。以下為一範例：

Narrator: (excited) Dad makes a go-kart. Everyone wants that go-kart.

Dad: (　　　) Look! Biff! Look! Chip! I made a go-kart.

Biff: (　　　) I like the go-kart. I want the go-kart. I want it!

Chip: (　　　) Yes, I like the go-kart. I want the go-kart. I want it!

All: (　　　) They like the go-kart. They want the go-kart. They want it!

　　討論文句表情很重要的目的是提供學生再一次深入理解文本的機會，讓仍無法及時跟上的學生能夠釐清文本內容；透過一句句的討論，學生才能在完全理解意思的情形下，賦予每一個句子合宜的情緒表現。

　　經過兩堂課約 40 分鐘的練習後，最後才是角色的分配及排演。通常建議老師限定分配角色的時間（例如：二到五分鐘），並告知學生若無法在時限內達成，則由老師來主導分配，因為如果不加以規範，可能會引起時間延宕或是學生爭吵的情況產生。

　　以上各個流程的時間分配僅供參考，因為一開始執行讀者劇場時，學生可能會因為對流程不熟悉，而在討論文句表情及排演上消耗較多的時間。另外如果劇本較長，相對時間配置也會加長。

　　讀者劇場的執行過程是作者希望再次強調的重點，讀者劇場的重要性不在於表演，而是實行的過程，因為這些步驟是促使學習發生的主要機制。透過老師的示範唸讀，學生加強其對文本的理解度；而在輪讀時，不但再次重複閱讀文本，更可以在同儕的協助下，讓跟不上的學生有機會跟上進度。討論文句表情時，學生當然又必須重複閱讀一次，而除了閱讀之外，更能釐清文本的內容意義。此時，落後的學生，或是尚未完全了解或僅有部分理解度的學生就可以慢慢跟上，有機會再次思考及學習。最後的排演也可以再次給予學生重複閱讀及理解劇本的機會。

　　雖然在排演時學生得一次又一次地唸讀劇本，但是他們並不會覺得無聊，因為他們的練習是為了上臺表演且有同伴、有樂趣，如此寓教於樂的學習，有效又有趣，實為教學的終極目標。

　　讀者劇場是一種彈性很高的教學活動。只要在排演過程中，學生能專注在反覆唸讀的部分，達到訓練閱讀流暢度和正確度的學習成效，就算達到基本的教學成效。老師在語言教學帶入讀者劇場活動時，要隨時掌握戲劇及語言學習的平衡點，否則很可能變成複雜的戲劇演出，忽略語言練習的本質。大致說來，如果故事情節比較簡單，學生的語言程度較初級時，可以著重於表演和肢體語言，演出才會生動有趣，學生也能藉由肢體語言來理解故事。此外，老師會發現當劇本簡單或簡短時，學生會很容易將自己的臺詞全數背起來，雖然這樣違反了讀者劇場唸讀練習的本質，但這樣的學生往往會精益求精，加入更多表演的成分。又有時候上臺時學生因為緊張又要兼顧過多的肢體表演，反而唸得不流暢，因此老師可以跟學生溝通，看劇本唸讀是希望可以將唸讀者腦中背誦的空間釋放出來，強化閱讀及理解，也避免因擔心忘詞所帶來的焦慮現象。

　　當劇本的劇情較長、較複雜時，聲音表情及唸讀故事的流暢度便相形重要。此時觀眾是由唸讀者清楚的聲音表情來理解故事，過多的肢體表演反而不利於演員專心以聲音表達情節，失去練習口語語言的目的，

而聽者也易受干擾，無法專心於語言的輸入。簡單說來就是當劇本簡單時，戲劇的發揮空間較多；劇本較難時，學生要比較專注在劇本唸讀的部分，語言學習的成分較多。

　　讀者劇場重視練習的過程，過程比結果更重要，因為學生就是在一次又一次的練習中，達到語言學習的目的。如果有了充分的練習，又有充裕的時間，老師就可以讓學生全數上臺表演。如果時間有限，則一次上課期間以不超過三組表演為主，因為通常在前面幾組表演過後學生們會有激情的比較與討論，但是過多的重複表演，容易因為新鮮度過了而形成吵鬧的情形。若是老師們想利用讀者劇場當成期中或期末評量而要求每一組都上臺時，則可以應用兩個劇本或要求每一組呈現不同的結局。通常學生在觀賞表演時，尤其是新編劇本的表演，建議給予劇本，以便在不了解劇情時有文字可以參考。

　　讀者劇場不需要花俏華麗的服裝道具，因為演員能唸得好、唸得順才是重點，千萬不要讓花俏的服裝道具或是誇張的舞臺表演模糊了讀者劇場的學習；小組能穿著一致或整齊的服裝出來表演就及格了，因此在教學現場最常見的就是小學生的制服。在舞臺呈現上，旁白（narrator）通常站在舞臺兩端，其餘人員站成半圓形面對觀眾。表演的過程中，表演者可以根據劇情需要或坐或站，編排一些簡單的隊形，甚至戴一些面具或頭套，在不妨礙唸讀劇本的前提下，讓讀者劇場的表演看起來更加有變化。演員有時會利用譜架或講桌放置劇本，讓他們的雙手可以空出來隨著表演做出動作。但若是不方便準備譜架，演員單手拿劇本，用單手做動作也可以，只要能注意到唸讀與聲音表情的表達就很棒了。其實對剛開始學英文的學生來說，動作、臺步不是重點；學生能夠使用適當的表情、聲音詮釋出故事中主角的心境，引起聽眾的共鳴，達到練習讀者劇場主要目的：用聲音表情流利地閱讀，才是讀者劇場的精髓。老師必須注意，最後的小組表演是錦上添花，如果時間真的不夠可以暫時省

去，教學過程最好著重在唸讀練習部分；但如果可以給學生上臺的機會，大家一起分享學習成果，則可以增添更多學習樂趣。

　　從聽老師説故事、學生自己讀故事、上臺用讀者劇場説故事到編寫故事，讀者劇場可以讓學生以合作、社會性的學習模式，結合以文學為主（literature-based）的教學方式，藉由溝通、協調、討論、排演的過程，提供學生互動和練習語言的情境；同時，讀者劇場也是一種以學生為中心的學習方式，學生們必須自己決定要呈現的重點及方式，訓練他們為學習負責的態度，激勵他們主動參與。因此，讀者劇場可以説是結合並融入多項語言學習意義的課堂活動，這點正好符合了目前臺灣對於語言教學能兼顧聽、説、讀、寫的期待。讀者劇場所提供的趣味成分與重複學習、同儕學習與合作學習的機制，大大提升了學生的學習動機，達到學習語言的目的，對於以英語為外語學習的臺灣學生而言，是一個非常值得一試的教學活動。

9.3　寫作活動（writing activities）

　　關於兒童外語的讀、寫活動，理論與實際操作一直有段距離，且眾説紛紜。有的理論強調我手寫我口，書寫內容應該以記錄口語表達為重；有的理論則認為應該在白話的口語表達和結構較嚴謹、用詞較文雅的書寫文字間取得平衡。不論孰輕孰重，就實際應用來説，口語並非溝通的唯一管道，常見的電子郵件、傳真、網路交談等都需要書寫能力。因此，我們認為兒童的外語寫作教學不能延後，應該從學習初期就引進才是。

　　指導外語寫作時並不適合應用第一語言的學習途徑作為思考與設計的參考。一般説來，外語學習者的年紀較長，腦中已儲存一些學習經驗和策略方法，整個學習的歷程與架構已較學習第一語言時複雜許多。更重要的是，這些外語學習者已深深接受第一語言的社會文化薰陶，在學

習第二語言時是帶著第一語言的文化背景做思考，而非單純如學母語一般地從無到有地學習。因此，在進行外語教學時，應該將這些會影響學習的因素都納入考量（Landolfi, 1998, p. 101）。綜合上論，Landolfi（1998）建議學生從喜愛的主題和對象開始練習寫作。有經驗的老師在指導寫作時會提供學生一個明確合理的目標與對象，諸如老師、朋友、家長，以引導他們從具體可見的人物開始著手，而絕非讓學生感受到寫作只是為了繳交作業或取悅師長而做的事。下面我們要先討論學生的寫作發展過程，了解從讀到寫，最後成為讀寫並重學習者的過程；之後再提供實際的教學活動，讓理論與現實並進。

學習寫作的發展過程

前置寫作期（pre-writers）：這是指寫作最早出現的時期。這個時期的學生尚未進入真正的寫作階段，他們的呈現充其量不過是握筆的練習。因此，此時期的寫作特徵是用塗鴉或是線條的組合來表達。在這些塗鴉中可以觀察出幾種常見的特徵，像是隨意或是重複的線條，如一直畫圈圈或三角形等。除了這些幾近圖畫的線條，也會出現類似文字的組合；有些學生會有目的地嘗試寫出字母或字，但字形若隱若現，並非每次都能成功。最明顯的文字呈現通常出現於當學生們開始練習寫自己的名字或摹寫他們所看的字時。

接著，進入早期寫作期（early writers）。此時，由上到下、由左到右的正規寫作模式開始出現，但大部分仍是以圖畫為主，文字的內容呈現仍以摹寫同學或自己的名字為主。

到了寫作萌芽期（emergent writers），學生就正式進入寫作的階段。雖然仍常使用圖畫，但字的雛形逐漸顯現；而學生不僅摹寫，還能透過文字來表達自己的想法。但在這個階段的學生拼字和文法都還未能完全正確，寫作的呈現可能還沒有大小寫之分、字與字間的間隔也可能還不

明顯。

　　此時，有了足夠的練習和經驗，學生就會繼續進展到流暢寫作期（fluent writers）。這時期的作品中仍會有圖畫出現，但寫作所佔的比例更多。同時，字與字的間隔較明顯，由左至右、由上至下的方向性明確，且有大小寫之差別。正規寫作的形式在此時期表現顯著。對初學的學生而言，他們在寫作上若能展現這些特色，便是進入了流暢的階段。

　　學生在這些階段中並非是隨著固定的時間而有固定的進展，而是因人而異，有可能長時間停滯在同一階段，也或許在短期內就能進展到下一個階段。在學生的學習過程中，老師要先觀察他們處於哪個階段，爾後再透過許多小組活動觀察個人的進展並適時給予協助。此外，幼兒因為肌肉尚未發達，無法掌握精細動作，在練習寫作的初期先不要要求學生一定要將字寫在線上，可先讓他們在黑板上、白紙上、畫架上自由地練習寫字，以減少他們的挫折感。

　　由閱讀到寫作的活動

　　除了第八章提到的閱讀活動之外，老師可以搭配下面的簡易教具及小活動，讓學生在閱讀後進行讀寫單字和寫作的練習，一步一步使其進展到能夠獨立寫作文章的目標。

　　1.發音電話（**phonics phone**）

　　這個電話是用塑膠水管做成的，聲音不會流失，可以用來讓學生聽到自己的聲音，作為引發他們學習動機的媒介。（參見圖 9.2）

圖 9.2　發音電話
（感謝林惠文老師提供圖片 http://jerry_cheng.blogs.com/kidding_me/2007/05/ phonics_phone.html）

2.彩色膠帶（highlighting tape）

將有色的膠帶撕成一小截，作為標示關鍵發音、單字、句子使用。

3.愛的小手指揮棒（pointer）

進行分享式閱讀或朗讀時，老師或學生都可藉此指揮棒在大書上逐字指出，不但富有趣味性，還能清楚地作帶讀示範。

4.閱讀框（reading masks）

將一張紙中間挖洞變成紙框，可把框做得很漂亮，會更吸引學生的注意力。當要唸某個單字時，便可把此框的洞移到那個單字上，如此一來就只會看到那個單字，而不會看到句子裡的其他字。

5.彩色蠟繩

此物品的外層有裹蠟，因此不但具有可塑性還有黏性，可以做成不同顏色的立體圈圈或其他圖形，來標明高頻率單字、字母等等，甚至也可用來作畫。（參見圖 9.3）

圖 9.3　彩色蠟繩的使用

（感謝林惠文老師提供圖片 http://jerry_cheng.blogs.com/kidding_me/2007/09/
phonics-wikki-s.html）

6.字母紙板（words have shapes）

學生學完一個單字後，老師可以利用紙板剪出整個單字的外形，讓學生猜出其中包含的字母。此活動的好處在於讓學生產生形體的聯想，甚至可連結到字義，幫助他們的記憶。

7.單字家族（word families）

讀完文章後，老師可帶著學生找出具有相似點的其他單字，並協助他們分辨出拼字的異同處。

8.押韻字（rhyming words）

老師可利用以上所介紹的工具將有押韻的部分標出來。學生若能熟悉這些韻腳，他們經過解碼而讀出單字的速度便可增加，而不用經過一個個字母的拼湊過程。因此在教學內容中可以放入韻文和詩來強化學生的拼讀學習。

9.配對字（matching words）

老師可將學生每次所要學的單字抽離出原文，個別寫在一張張紙上，

讓學生拿著這些紙在原文章中找相同的字配對；若學生能順利找到相同的單字，就代表他們已經認識這個單字了。

10.字母書（alphabet journals）

請學生在每張紙的開頭寫下一個字母的大小寫，並將它們按照字母順序排好後裝訂成冊，這即是學生們各自擁有的字母書。他們可以將學過的單字寫到屬於它的字首字母頁中，並畫上圖示；例如學生學了 apple，便可把此單字寫在 a 的那張紙中，並在此字旁邊畫顆蘋果。此外學生若遇到不懂的字，也可在詢問過老師後以相同的方法，增加到自己的字母書裡。

11.單字牆（word wall）

貼滿單字的牆面，最好是在學生視線容易停留的地方。因為對於初學者而言，要邊抬頭看單字邊寫會有點吃力，因此單字牆的設計若能讓學生輕易取下並拿回到座位上摹寫，寫完後再把字放回去，會更加理想。

12.拼字向前走（have a go）

老師利用漸進式的拼音，讓學生有三次上臺拼寫的機會，藉此學生能從中了解拼音的過程，而臺下的學生也有同步練習的機會。範例如下：

⑴ 第一次學生聽老師唸 [`ræbɪt]，或許他們只能寫出 RBT；老師可圈出答對的字母，並請學生再試一次。

⑵ 第二次老師強調 [`ræ] → [`ræbɪt]，學生聽到 [æ] 或許就能寫出 RABT；老師可圈出答對的字，並請學生再度嘗試。

⑶ 第三次老師再強調 [`ræ] → [`ræbɪ] → [`ræbɪt]，學生可能在 [ɪ] 的部分聽得更清楚，而能寫出 RABIT。

⑷ 最後由老師寫出正確的字 RABBIT。

除了寫作的活動之外，也可以利用學生愛畫畫的天性，幫助年幼的學生建立書寫的概念。畫圖可說是寫作的前身，對於初學者，老師應要鼓勵學生畫得越仔細越好，如此可培養學生在進入寫作期時，能將寫作

內容描述得像畫畫般精細，將圖畫中想要表達的東西放入寫作中。最後，寫作過程中累積的作品可以收入檔案夾，成為日後寫作或評量的資料庫。

　　當學生的寫作重心放在圖畫時，在文字練習的部分自然不多；因此隨著程度的增加，老師可協助學生逐漸減少畫畫的部分，而增加寫作比例。對於初學者，老師可以讓學生講解自己畫的圖，再由老師將文字補上；待學生的能力足夠時，便可讓他們自己寫出所畫的內容。這些寫作練習可以不同的形式進行，像是做成聯絡簿，或是活頁紙般一頁頁地讓學生練習小規模的寫作，甚至也可以做成像祝福小卡片等形式。

小組寫作活動設計

　　正式開始進行寫作教學時，小組寫作是不錯的選擇。利用小組的形式進行可以減少個人負擔，提升學習自信；而在與同學討論的過程中，也等於是增加口說練習的機會，並享受與同學分工的樂趣。下面就提供幾個小組寫作的活動供參考：

1.表達經驗的寫作（**language-experience writing**）

　　此活動由老師主導，可在能讓學生分享心得或經驗的活動後進行，如田野調查、郊遊、閱讀等。學生們口頭分享自己的經驗後，老師幫忙組織他們的想法，讓他們自己決定要寫下哪些部分，最後再由老師幫忙寫出來。

　　此活動具有三大特色，一是在學生分享後，當老師以文字表達學生所說的經驗時，學生能有機會跟著老師一起拼寫單字。第二，學生或許尚未有能力拼寫，但在老師帶著學生作拼音練習時，學生的視覺能觸及到單字，聽覺能接收到發音，雙管齊下便可幫助他們整合聲音和文字的印象，久而久之便能熟悉拼字。第三，老師在寫的過程中，還呈現了寫作的示範，讓學生熟悉寫作的模式（由左至右的書寫順序、標點符號的使用等）。對初學者而言，與其給他們許多的範本摹寫，不如讓他們多參

與一些示範寫作的練習，這樣反而較能奠定獨立寫作的良好基石。

2. 分享寫作（shared writing）

在分享式閱讀後可以進行分享式寫作，即由學生們分享對所讀內容的意見，並由老師聽寫記錄；而若學生有任何拼字或文法上的錯誤，老師可立即訂正，也或者是老師寫一句，學生跟著抄寫。總而言之，「老師和學生使用同一枝筆進行寫作」就是分享式寫作的精神。在臺灣的英語學習環境裡，老師比較無法和學生進行個別互動，這時可將學生依異質性分組，由程度好的學生來引導程度差的學生，如此也可以順利進行分享式寫作。相較於經驗表達寫作，在分享式寫作中，老師不僅引導學生發表他們的想法，更注重讓學生認識寫作的呈現方式。

3. 引導式寫作（guided writing）

在引導式閱讀之後可以進行引導式寫作。引導式寫作是為獨立寫作鋪路的過程；老師提供各種想法、架構，引導學生們運用腦力激盪組織材料，激發批判性思考並學會獨立完成寫作。引導式寫作和引導式閱讀一樣，強調單字和文法。在寫作過程中，老師會給予用字上的建議或文法上的糾正，重視文章的寫作模式、結構。進行引導式寫作時，學生仍以小組為單位，在寫作前先與老師進行討論，了解這次寫作練習的內容以及可以運用的技巧；老師甚至可以提供範文讓學生更了解練習的重點。接著，每個學生再獨立完成寫作；雖然經過共同的討論，但每篇文章的內容想法、組織架構和用字遣詞都是隨人選擇，每次練習的主題也不盡相同。完成寫作後，學生再回到小組互相分享結果，並檢視是否有需要修正的地方。引導式寫作的重點是在提供輔助的前提下，讓學生開始進行獨立寫作，一旦遇到問題時可以立即向組員或老師求助並獲得回饋。

4. 互動式寫作（interactive writing）

此活動的設計概念是讓老師和學生一起參與寫作的過程。學生或許只能寫出些簡單的高頻率單字（如 I、you、in 等），但大部分仍以字母為

主，因此活動中讓學生參與的部分最好是他們已經會的內容，或是比他們的能力稍難一點點的內容。在互動式寫作中，老師會帶領學生以熟悉的題材共同練習寫作，之後再讓學生以同樣或類似的主題個別進行寫作。以故事教學和寫信為例，老師先讀一本有關邀請函的故事書，利用故事引導學生回想生活中是否曾接受過他人邀約，以及邀約的內容。在此過程中，讓學生盡量與他人利用討論產生互動，增加聽與說的機會。學生在經過討論並了解邀請函的功用及內容形式後，再由老師帶著學生共同寫一封邀請函。之後，學生可以自己練習設計邀請函並將題材延伸到留言、通知、公告等應用文。同樣地，分享與回饋也不可缺少；學生可利用彼此觀摩的機會，修正個人寫作上可以改進的地方。

寫作活動放大鏡

除了小組活動之外，下面再根據寫作前、中、後不同時期的需求，提示老師所需的教學重點。

寫作前

文章有很多不同的形式，可以是故事、日記抑或是信件等。但對於初學者而言，寫作的形式最好從小範圍開始，如讓學生列出他們想要買的東西，家長或老師再示範正確的寫法、拼字給學生們看。這種寫購物單的活動不但簡單也很生活化，此外像是寫 e-mail、聯絡簿等，都是老師可就學生程度而作調整的小型寫作活動，作為正式寫作前的暖身。

在進入真正的寫作前，除了提供小型練習，老師還可以先教導學生如何組織、系統化他們自己的想法，以下建議兩種活動：

1.故事組織單（story organizer）

將一張尺寸為 A4 的紙對折後，一半讓學生畫圖，另一半分為三等份，分別是開始、中間、結局。請學生在這三個部分放進他們想要寫的句子，當學生組織正確後，便可以進入寫作。此舉的目的是為了確保他們的想法和所寫出來的東西有一致性。

2.故事網（story webbing）

在學生們聽完故事後，老師引導他們說出故事的細節，並且幫助他們組織這些細節的關連性，讓學生的思考架構能呈現網狀的組織。（參見圖 9.4）

How? Who?

Title of the story

Where? Why?

When? Ending?

圖 9.4　故事網

寫作中

當學生的寫作鷹架已經建立，老師要多做示範，如書寫的方向（由左到右）和加強學生在發音和字之間的連結，如此一來才能強化學生們的發音和增加拼字的準確度。

寫作後

老師可利用「從讀到寫」裡提到的活動，帶領學生重複地唸，幫助學生在聲音和字之間作一個連結，讓他們看到字時能很快地解碼唸出，增強閱讀流暢度；在閱讀流暢度增加的同時，學生的閱讀理解力也才有空間能隨之增加。此外，老師也可以參照互動式寫作的概念，讓學生互相觀摩彼此的作品，並將好的文章朗讀給全班聽，讓學生分析並學習優

點，甚至鼓勵學生做筆記，作為下次寫作的參考。

和家庭活動連結

學生回家後，家長若能夠協助複習或參與其在學校所做的寫作活動，不但可以活絡親子感情，也可以強化其學習效果。在家裡，學生可以進行以下的寫作活動：

1.交筆友（pen pal）

學生寫信給家長、親人，或藉由電子郵件的方式寫信給國內外的筆友們。

2.遊記（travel journal）

寫一篇家庭出遊的遊記。文中可記錄地點、心情、環境等，甚至可請學生畫出場景並練習寫出日期。

3.寫作公事包（author's briefcase）

公事包中裝有許多寫作用的工具，例如紙、筆、橡皮擦等，讓每個學生每個禮拜輪流帶著公事包回家一次，並完成一項寫作的成品；家長也可從旁協助學生完成。

雖然臺灣的兒童英語教學以溝通式教學法為主，但是若要真正完備並增進學童的語言能力，閱讀與寫作在學習初期就應該一併納入教學。而閱讀和寫作的學習息息相關，若能在給予可理解的輸入（閱讀）後又讓學生有可理解的輸出（寫作）機會，並反覆練習，自然能從學習中找到方向、方法與樂趣。因此老師在設計整體課程時，不僅要在學習初期安排聽、說的訓練，更要從中安插基本的讀、寫元素，像晨間訊息、環境文字就是很好的方式。爾後再慢慢地給予接觸圖畫式書寫的機會，進而進階到更複雜的讀寫活動，如引導式寫作、編寫劇本等，讓學生逐漸接觸不同形式的讀寫活動，才不至於在銜接時感到突兀或吃力。這一系列的進展，要靠老師依據學生的需求挑選並設計活動，善用各種練習來完備學生的語言能力。而這正是引導學生們一步步走向獨立學習者的不二法門。

THREE

第三篇

教師需具備的教學技巧
（skills for teachers）

第10章　教案編寫（planning lessons）

Rivers（1981）認為教案不僅可以呈現有趣的活動，更可以為教學活動的脈絡留下紀錄，以強化前後關係的連結，幫助老師掌握教學方向。除此之外，從教案也可以看出老師的教學風格和組織概念，包含活動的選擇、時間比重的配置、場所的考慮等。因此，與其讓教案僅僅成為教學觀摩時的「基本配備」，老師也不妨從教案中找出教學歷程的軌跡，利用教案留下教學的具體成果和檢討依據。

設計一份教案前，應該先定義何謂「好的教案」？當我們拿到一份教案時，會希望看到哪些重點？這些重點該如何呈現？哪些是教案必備的基本資料？又有哪些部分可以有彈性的增減？除了教學流程之外，我們還可以加入什麼來具體呈現教學概念？這些問題都是引導老師開始著手編寫教案的參考。

雖說教案的格式不一定要拘泥於某個版本，但是有些基本的資訊是必備的。設計教案前，可以先考慮以下要素：

1.學生的學習背景與前後課程的銜接

學生過去的舊經驗是新課程的基礎，舉凡學過什麼課程、目前程度到哪裡，甚至是班上整體的狀況，如能力落差的情況、班級的氣氛與特質等，老師都要納入考量，才能建構適合學生的鷹架，確實提供協助。同樣地，今日新的學習內容也將成為未來學習的基礎。因此，編寫教案必得「瞻前顧後」，注意整體銜接與架構的完整性。

2.教學目標

教學目標有分長期及短期。在學期開始時，學校通常會設計總課程表，計劃學生在一學期或一學年應該增進的語言能力目標，這是長期的教學目標。為了逐步完成這個目標，老師需要規劃階段性工作，這部分就是每週或每堂課需要執行的短期階段性目標。

　　一般說來，整體的課程計畫在廣度上應當將聽、說、讀、寫四種語言技能都納入，但是在教學深度上，老師可以根據學生的年紀和程度做不同比例的調整。舉例來說，聽、說活動可以在較低的年級著墨較多，但仍須加入基礎的讀、寫課程；但到了高年級，在注重讀、寫技巧訓練的同時，也要根據以往聽、說能力的基礎，再往上建構學習。

　　編寫教案時，要注意長期和短期的教學目標必須環環相扣，應該以整學期或整學年的教學目標為主要依據，設計階段性的活動並進行有意義的教學，最終達成教學總目標。

3.活動設計

　　有了教學目標，接下來就是藉由一連串的活動達到目標。編寫教案時，活動設計是一大重點，因為沒有適切的活動就無法帶領學生學習並達成教學目標。設計活動時，老師必須注意多元性，最好避免整個學期都採用同一種教學活動；在執行上，也應該注意動態和靜態的活動比例是否得宜，如果上次帶過動態的兒歌童謠，也許這次可以考慮靜態的閱讀活動；或是故事教學也可以再分為動態的表演和靜態的聽故事。一學期下來可以有兩三個教學主題貫穿其中，例如節慶教學、英文歌曲、戲劇表演等，再一一搭配動態和靜態的活動，藉此豐富教學內容。

　　教學活動的比重分配上則可用所需投入的時間長短來評估，例如節慶教學可能只須執行一週，而閱讀活動卻需要長期的執行並加深加廣內容，才可以算是完成一個階段性的目標。另外，在注重活動多樣化的同時，在執行上也須兼顧現實考量，像是教師人力的負荷、教具的準備、經費的多寡以及時間的投入等；切勿為了追求活動的多元化而無法踏實地進行教學，畢竟孩子的學習成就才是課程的重點。

　　有了設計活動的基本概念後，老師就可以開始動手製作並執行教案。教案設計和執行的三個步驟應該是：

第一步　編寫教案

在教案的呈現上，首先是提供班級的基本資料和當次教學的重點，以利觀摩者或教學者迅速進入狀況。簡單說來，教案應該包含 5 個 W 和 1 個 H：「誰來教」（who）、「教什麼」（what）、「在哪教」（where）、「教誰」（whom）、「何時教」（when），以及「怎麼教」（how）。

以下的這些資訊經常出現在臺灣的英語教案中：

- 課程名稱：使用哪個課本版本、第幾課、主題名稱為何。
- 日期：詳實的年月日，包括在第幾節課，以及此教案的預定執行時間。
- 班級概述：幾年幾班，以及全班共多少人。
- 學生的舊經驗：以往學過什麼題材、具備哪些能力。
- 教學目標：期望學生學會哪些能力。臺灣的教案還要求要配合九年一貫能力指標，因此教學目標中可再加入與此指標的相關對照。
- 教學主題：當次課程中要學習的重點，包括主要句型、單字、文法都要列出。有時候教學主題可融入其他科目，如聖誕節到時，除了教相關英語用語，老師也可與藝術人文課程結合讓學生製作卡片，這些可以跨科目的活動，都可以在教案中補充說明。
- 所需教具：在教案開頭可列出教具清單以供查點準備，或是在活動旁說明所需教具。

活動方面，Ellis, Girard 和 Brewster（2002）還補充其他可以出現在教案中的資料：

- 活動類型：角色扮演、解決問題、口語訓練、文字猜謎等等。
- 互動方式：老師對全班、兩人一組、多人一組，或是單人活動。
- 語言技能：說明每個活動所要強調的語言技能訓練。
- 教材分析：分析教材的難易度、優缺點，以及為何補充或刪減部

分教材的原因。

有了教案的基本資料，接著就要將活動設計的概念與流程寫入教案。教案通常以呈現活動流程為重點，而其他資訊可視需要彈性加入。

通常一堂課的活動可分為三大部分：

1. 引起動機（**warm-up or review activities**）

這部分通常是花五到十分鐘進行暖場的活動，用以引起學習動機，例如常見的歌曲教學就可以在此時引入。暖場活動除了引發學習興趣外，最好還能複習之前所學，喚起學生對舊課程的記憶。

2. 主要活動

前面所說的「教學目標」和「教學主題」就是在這個部分呈現。主要活動以練習單字和文法為主軸。練習的方法很多，如傳統聽說教學法的覆誦、利用遊戲重複練習、設計情境或難題讓學生設法利用單字與同學討論以解決問題，或是利用故事作單字教學等，只要能讓學生保持學習興趣，達到學習目標，都是可以利用的方法。練習時最好先從大團體開始，等到學生較為熟練、產生安全感後，再慢慢進行小組或雙人練習，最後再驗收個人的學習成效。老師也可以利用 Maurer（1997）的 3 個 p 來提醒自己達到主要活動的重點：3p 是指呈現主題（presentation）、練習（practice）以及最後的產出（production），其中以能讓學生充分練習為重點。

3. 結論與歸納

結束當天的學習重點後，老師可以留下約十分鐘的時間總結與複習當天的課程。除了利用習作和學習單做複習之外，也可以安排與課程相關的其他活動，像是故事教學、讀者劇場、兒歌韻文或是其他讀寫活動等等。老師選擇歸納活動時，可考慮以數堂課為一個週期，完成一個完整的教學活動；譬如利用最後的十分鐘進行故事教學（流程見第六章），

連續上三週就可以完成一本故事書的教學流程。如此不但可以讓課堂內容多樣化，也可以藉機會提供學生相關的補充教材。

第二步　執行教案——課程與活動

執行教案時主要是按照教案設計的流程進行，有幾個重點需要老師隨時注意。首先，要注意教學主題是否有效地傳達到學生身上，同時觀察學生的反應。如果反應未如想像中來得好，還是先照流程進行，但事後可拿出來檢討及重新設計；若某個活動大受學生歡迎，老師也不可因此過度拉長活動時間，恰當地掌控時間才能使學生有效地逐步完成學習目標。

其次，除了注意學生在課堂上的反應，老師也必須記得時時確認他們的理解度。活動進行時，如果學生因為有太多不能理解的部分而分心，老師就應該放慢腳步，回過頭來以學生能理解的方式說明；若學生還是不懂，老師可以利用母語輔助說明，最後再以英文說一次。雖然時間掌控很重要，但學生才是學習的主體，為了釐清學生的概念而略微修改教案的流程也未嘗不可。同樣地，這部分的更動也需要在事後拿出來檢討，以實際的經驗修正老師原先的想法。

最後，一份教案呈現的不僅是語言能力的教與學，還有一個隱形的部分——班級經營——雖然不易察覺，但小自座位與分組的安排、轉銜的機制與用語，大至班級氣氛的營造，都是班級經營需要事先規劃的部分。然而，有些突發狀況如剛好班上氣氛較為低迷，或是某些孩子比較無法接受當天的活動等，這些都是影響教案是否能順利進行的因素。因此，老師即使設計了一份完美的教案，仍須帶著隨機應變的能力上場，才能有完美的演出。

第三步　檢討與修正

有的教案會在最後留下一大格空白，是為了方便老師在活動結束後記錄檢討與感想。除了幾個基本方法如：審視教案、回想教學的實際情況、找出解決之道之外，以下的檢討細目融合 Ellis, Girard 和 Brewster（2002）對教學的建議與作者對臺灣英語教學現場的觀察，可讓老師在檢討教案時列入思考：

- 我是否達到預設目標？如果沒有，為什麼？
- 執行課程時是否和教案有所出入？為什麼？
- 我如何銜接不同的活動？我使用哪些語言？
- 時間掌控是否得宜？如果沒有，為什麼？
- 在教學現場，我遇到什麼困難？我當時如何解決？有沒有其他解決方法？
- 學生的反應是積極參與還是興致缺缺？為什麼？
- 學生是否達到我預設的學習目標？如果沒有，為什麼？
- 學生的回饋為何？
- 是否有其他問題存在？
- 下次要修正或加入的項目為何？為什麼？
- 這次我做得比上次好的部分在哪裡？

以上的問題重點在於後面的「為什麼」。老師除了要覺察自己的長處與短處，更要能提出解決的辦法，才能化檢討為行動，使下次的教學更上一層樓。

老師在編寫教案與自省的同時，除了將檢討的結果納入，更應該將自己的優點列在教案上，兩相對照，並和前一次的教學作比較，檢視自己進步的幅度，才能帶著成就感繼續前進。

第11章 老師及學生的教室英語
（classroom English）

　　在本章中所要討論的教室英語主要分成兩大部分：一是利用環境佈置將英文融入教學環境，如高頻率單字和環境文字；二是在平時的應答中，老師有意識地使用常用的或特定的英語單字和句型，讓學生逐漸熟悉。基本上，教室英語就是利用這種「潛移默化」和「耳濡目染」的方法，讓英語慢慢植入孩子的腦中，並習慣使用這些常見的辭彙。

　　下面我們將先提到教室物品導覽。除了第五章提到的高頻率單字和環境文字的佈置技巧之外，老師在開學時也可以透過教室物品英語導覽的活動，讓學生認識基本的教室用品名稱；藉此老師除了能趁機指導用完歸位的生活常規並讓學生認識環境，爾後進行活動時，若要取用任何物品或下達指令，學生才能迅速反應。接著，我們要介紹如何利用教室的規範來進行教室英語教學。最後，本章還要提到教室英語中常聽到的指令。老師在課堂上下達的指令都是常聽到的簡短命令句；與其刻意放在課程中，倒不如實際應用在每堂課中，透過具體操作的過程，讓學生逐漸熟悉這些指令。

11.1　教室物品導覽（English for classroom items）

　　首先，在開學時介紹教室內物品及使用方法，能讓學生們了解哪些物品是他們在未來的學習中可以共同使用的公物，並了解使用的規範。整體而言，教室物品導覽活動對學生的學習有以下兩點益處：

　　1.透過讓學生認識物品的活動，可以增加學習的趣味性，提高學生在課堂上的參與度；再加上孩子們對於陌生的環境難免不適應，藉此除了可減少學生對於新環境的恐懼之外，還能達到寓教於樂之效果。

　　2.學生從對教室物品一無所知到了解的過程裡，因為歷經觸覺或聽覺的感受、大腦的思考及猜測，因而能加深他們對物品的印象，並從短期記憶轉化成長期記憶。這種記憶的時效性大過於學生背誦死記的短期印象。

　　介紹教室物品的方法除了一項項地展示外，老師也可以將物品（如麥克筆）藏在盒子或袋子裡，讓每個學生都有機會能搖一搖、摸一摸、聽一聽，憑著觸覺和聽覺感受物品的形狀和質感，進而猜測物品的名稱或使用方法。

　　老師在介紹教室物品的時候，直接給予物品的中文名稱雖然省時又省力，但對於一門英文課而言卻損失了許多環境教育的機會。因此老師可以藉學生專注地參與活動之際，順水推舟地帶入英語教學，讓學生們可以在遊戲中快樂地學習。在介紹物品時，老師也可以使用本書作者自創的「三明治記憶法」。三明治記憶法的實施步驟為：一開始老師以英文介紹物品（例如：老師說 marker），接著馬上以中文說明一次（老師說：「麥克筆」），最後再以英文重複一次（老師再說一次 marker），加深學生印象。這個記憶法是以三明治中間的夾層譬喻老師給學生的中文講解，因為夾層部分總是最能令人口齒留香，就像教學時第二次的中文講解一樣，雖然只是快速地帶過，卻能讓學生印象深刻，又能兼顧英文的學習。在第二次提到這個物品時則可以去掉中文解釋，要求學生專注於物品以及其英文名稱上，先讓學生了解意義再加強其英文聽力，如此幾次下來學生就能熟記英文名稱。如果老師可以在每次提到相同物品時再提醒一下，相信學生就能把這個英文名稱牢記並放到長期記憶庫中供永遠提用。

　　此外，老師可將常用的教室物品或名稱製成海報，或利用圖片搭配英文名稱的方式展示（參見圖 11.1）。在臺灣較常見的做法則是在物品上貼上中英對照的字詞卡。

圖 11.1　教室常見物品

11.2　教室規範的約定（English for classroom rules）

　　除了介紹教室內的物品外，老師還可用英文介紹教室的規範。老師可以具體列出班級公約，並做成海報貼在教室裡，然後帶孩子一條條讀過（參見圖 11.2）；或是把班級公約縮小影印貼在聯絡簿上，讓家長了解班上的規矩，甚至能協助指導。班級公約還有一種有趣的呈現方式，即利用一個主要的規範單字的字母，引出多條相關公約，如圖 11.3 以 POLITE 為例。除了固定的規定之外，老師也可以自己改寫，創造出適用的班級公約。除了班級公約之外，生活中溝通會用到的詞彙，如表達情緒的形容詞（參見圖 11.4），也可以納入教室佈置，讓學生溝通時隨時有資源可取用。

圖 11.2 班級公約海報

圖 11.3 POLITE 公約

圖 11.4　常見的表達情緒的單字

　　此外，教室裡的工作分配（參見圖 11.5）、時間表和經常性活動（參見圖 11.6），老師除了以中文介紹之外，都可以再用英文解釋一次，利用頻繁的出現次數，強化學生對這些英文的印象。

圖 11.5　工作分配

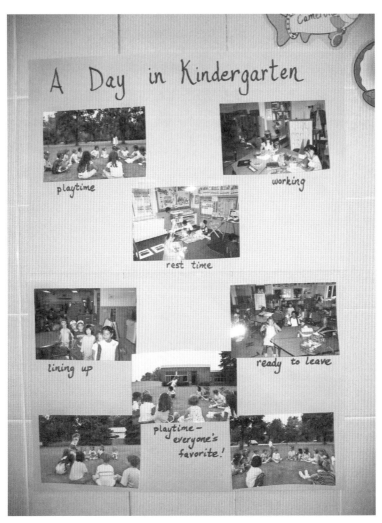

圖 11.6　經常性活動

11.3　教室常用語（classroom language）

　　在教學過程中，老師常以各種不同的指令來指導學生；在每堂課開始時，老師可以教導或複習這些指令，作為新課程的暖身。「肢體回應法」（total physical response）是最常見的教學法，也就是學生利用身體力行的方式將這些指令輸入腦中；而「老師說」是這類活動常見的遊戲。建議老師除了自己下達指令讓學生動作之外，當學生熟練後，不妨讓他們兩人一組練習，之後再隨機請學生上臺擔任下指令的工作，增加參與課堂活動的機會；老師同時可以提醒學生在指令前加個「請」（please）字，趁機落實生活教育。教室內常用的指令如下：

◉動作類：Stand up.

　　　　　Sit down.

　　　　　Open/Close your book.

　　　　　Raise your hand.

　　　　　Close/Open your eyes.

　　　　　Touch/Point to....

　　　　　Look at me.

　　　　　Write down....

　　　　　Read....

　　　　　Sing a song.

◉地點類：Put your book on the desk.

　　　　　Put your book in the desk.

◉指令類：Pay attention.

　　　　　Be quiet.

　　　　　Listen carefully.

　　　　　Quickly.

Slow down.

Louder.

Keep your voice down.

　　教室英語的重要性不會因為沒有排進課程計畫而相形失色。相反地，老師在開學前、佈置教室時，或是平時應答時，就應該先規劃好如何複習這些常用的英語詞彙和教授新的用語。這些隱形的教學時間可以強化學生對英語的敏銳度，同時也是課堂教學的潤滑劑。兒童時期的模仿力與記憶力最強，一些常用的生活用語（像是 Go to the bathroom.）、應答（yes/no）、指令，都能藉由大量的輸入、練習以增加學生的印象，達到自然而然使用英語的目標。

第 12 章　紀錄與評量

（record keeping and assessments）

Ellis, Girard 和 Brewster（2002）曾言，國小評量紀錄的目的是為了「描述在一段時間內，孩子達到學習目標的情形，以及提供分析教學和學習情況的資料」。Ellis, Girard 和 Brewster（2002）提出五項評量的分類：

1. 形成性的（formative）：形成性評量的施測時間較長，其主要目的並非斷定成績，而是輔助學生學習或提供老師調整教學的依據，例如經過老師或同儕的長期或短期觀察而給予的回饋即是一例。

2. 總結性的（summative）：每隔一段時間給予孩子回饋，讓他們了解自己學習的成長情況。這部分的評量常以紙筆測驗進行。

3. 資料性的（informative）：提供孩子、家長和未來接手的老師某一階段的學習狀況和學習興趣，以作為未來學習和設計教學的調整依據。

4. 診斷性的（diagnostic）：針對每個孩子的優缺點，給予學生合適的協助。

5. 評估性的（evaluative）：了解學生的屬性與學習特質，在將來的教學過程中加入適切的教學技巧。

不同於臺灣傳統的總結性評量，本章要討論的是形成性評量的紀錄。任何在特定學習時期內，例如一學期或一學年，所蒐集的資料都可以協助老師觀察孩子成長的軌跡，舉凡學習單、紀錄表、教師評語、家長意見、比賽成果等，只要能反映孩子當時的學習狀況，都值得參考。本章將先探討學生自評與同儕互評的形式和使用時機，接著針對評量檔案和其他適合在臺灣英語課堂使用的評量方式進行說明，讓老師們了解如何使用不同的評量方式協助教學。Brown 編著的 *New Ways of Classroom Assessment*（1998）一書提到多種評量方式，本章將結合書中理論與臺灣英語教學現場經驗，整理出適用的評量方式供老師們參考。

12.1　學生自評與同儕互評
（ self-assessment and peer assessment ）

　　臺灣的評分方式多屬於老師評分，而且行之有年，原因在於一來老師具有專業判斷力，二來由老師統一作業在時間掌控上較為經濟。但是當我們疾呼要以學生為學習中心時，是不是可以考慮將評分大權「下放」到學生身上，讓學生學會誠實而直接地面對自己的進步與不足，真正成為學習的主人？關於這個問題各家學者意見不一，因此，本章首先介紹學生自評與同儕互評的狀況和優缺點，讓讀者一窺不同評分方式的面貌。

學生自評

　　現在教學的主流是以學生為學習中心，自評就是將這個概念延伸出去，讓學生也參與評分的工作。但是學生自評的前提是師生雙方有一定的默契與信任，如果老師還不確定學生是否具備足夠的判斷力作出適當的評分，建議老師不要貿然進行學生自評。

　　當師生雙方有基本的信任基礎後，老師可以在課程一開始時發下自評表讓學生先行勾選，內容可以包含學生對自己目前學習能力的看法、希望進步的地方，或是老師列出這學期希望學生達成的目標，再請學生選出目前希望或覺得自己可以達成的教學目標。經過一段時間的學習後，再發下同樣的表格讓學生勾選，看看自己是否有進步或是達到預設目標。老師可以根據這些自評表斟酌給予評分。

　　填寫表格是最基本的自評形式，除此之外，學生也可以利用多媒體記錄學習狀況再進行自評。以口語練習為例，學生可以錄下自己唸讀或對話的內容，事後再反覆聆聽，糾正自己的發音、語調或其他不足之處。學生若能從這樣的方式中找出可加強之處，並加以修正、練習，如此循環下來，也等同是從自我評量中產生立即回饋與再學習的方式。如能再

更進一步地將這些心得記錄下來，不僅可以供老師作參考，對學生來說也是助益頗大的學習紀錄。另外，老師拍攝學生的表演活動，如讀者劇場，事後再播放給學生看，讓學生以客觀的角度審視自己的學習表現，進而產生改正與進步的動機，也是屬於學生自評的一部分。

同儕互評

與學生自評一樣，同儕互評同樣需要建立在互信的基礎上，只是評分關係換成學習者與學習者之間。這裡我們以口說和閱讀兩種不同的檢測方式為例來介紹同儕互評的基本模式。

在國小英語教學現場，最基本且最常見的同儕互評就是請學生分組上臺表演，如唸課文、角色扮演、演唱歌謠等，當各組表演完之後，讓全班投票選出最好的幾組。但是老師要注意，國小學童年齡尚幼，有時候可能會以同儕情誼評斷表演好壞，因此雖然仍是可以給予這個年齡層的學生練習自評的機會，但是如此的票選活動最好是作為課堂活動或評量輔助，而非真正的成績來源。在進行投票時，如果每人只有一票，學生容易「惜票如金」，造成人緣好的學生得到最多票數；因此老師可以開放一人多票，讓學生不僅可以投自己一票，也可以大方投他人一票。

如果學生的程度更好、心智年齡更成熟，老師就可以採用更正式的互評表格讓學生評量。以口語表現為例，提供如下範例（參見表 12.1）。老師亦可以依據學生的能力增加評分等級與評分項目的複雜度，甚至是讓學生寫下建議，提供發表者參考。

表 12.1 口語互評表格範例

科目： 發表者：	日期： 評分者：		
評分項目	很棒 (3)	尚可 (2)	可以更好 (1)
發音	✓		
語調	✓		
速度		✓	
肢體動作			✓
表演道具			✓
總分			

　　若應用於閱讀活動，先前第八章介紹過的好友閱讀就可以運用學生互評的機制。當學生閱讀時，同儕除了聆聽指導，事後給予指正或回饋，老師也可以發下表格讓學生勾選，檢核彼此是否達到要求的項目。老師除了巡視時觀察學生閱讀的情況，也可以利用互評表作為評分依據；這時，檢核表的內容以學生的學習態度或是本節課要達成的目標為主，例如是否認真與同學討論、這節課是否已經學會辨識 26 個字母等。在好友閱讀中，因為雙方角色略有不同，因此老師可以設計兩份不同的表格，檢視小老師是否稱職及學生是否認真。但若時間不夠，或對兩者的要求差異不大，則製作一份通用的表格即可（參見表 12.2）。

表 12.2　閱讀活動互評表格範例

書籍名稱： 閱讀者：		日期： 評分者：	
評分項目	很棒 (3)	尚可 (2)	可以更好 (1)
了解故事大意	✓		
能流暢地唸故事			✓
能加入感情			✓
能回答故事相關問題		✓	
能說出自己的心得	✓		
總分			

　　以上分別提到學生自評與同儕互評，老師可依教學上的需求擇一使用，或是將兩者結合一併使用。評量時，老師還是可以使用傳統的評分方式，但若能偶爾穿插幾次學生自評與同儕互評，相信能提供老師更客觀的評分依據，也能讓學生更積極地參與，提升他們的學習動機與樂趣。

12.2　檔案評量（portfolio assessment）

　　如前文所提，紀錄與評量的目的是檢視學生在某一段時期內的進步幅度；目前在臺灣，最廣為人知的方法之一就是「檔案評量」（portfolio assessment）——不僅在英語教學上逐漸被重視，其他教學領域也大多認同它的好處進而採用。檔案評量的概念是來自於創作者，如畫家、音樂家、作家，將自己的作品收集成冊的過程。透過收集的過程，創作者可以回顧作品的發展與演變，從中思考自我成長的歷程或自我評判新舊作品的優缺點。使用在教學現場，檔案評量就是讓學生收集自己的各類作品，建立學習紀錄的過程。而評鑑者也可以從這些紀錄中了解學生付出的努力和進步的幅度，這些觀察結果不但可以用以提出具體回饋，也能

幫助教師了解日後調整教學的方向。究竟檔案評量有何優點，能夠讓各領域以其取代紙筆測驗？大體說來，檔案評量有下列幾個特點：

1.重視過程的形成性評量

以往的紙筆測驗是屬於總結性測驗，一試定江山；雖然較為方便，也有評鑑度，卻忽略不同學生間的能力差異和學習中各階段的努力和學習狀況，因此為人詬病。而檔案評量則在學習過程中不斷收集學生作品，從這些累積的資料可以看出學生的進步和學習狀況的變化；如果學生能比較自己目前和以前的學習狀況及優缺點，學生就可以有不斷學習與改進的空間與機會，相形之下，更具教育意義。

2.評量內容有彈性

檔案評量的資料範圍很廣，老師可以先和學生一起決定檔案收集的方向，然後依照此主題蒐集各種學習資料再收納到資料夾中，例如活動照片、闖關活動的紀錄、學習單、親師溝通意見、考試卷、學生作品、剪報心得等，都是可以收集的資料。

3.學習檔案質量並重

上一點提到學習檔案可以收納各式資料，但不僅是量的收集，在過程中，學生還必須學習如何篩選資料、去蕪存菁，留下最核心的資訊，才不會讓檔案評量變成廢紙回收夾。因此製作一份質量並重的學習檔案可考驗學生的思考能力與組織能力；學生若能好好運用這些能力，製作的檔案內容甚至可媲美專題報告。

4.可檢視學習的歷程

「凡走過必留下痕跡」，檔案評量的功能之一就是記錄學生學習的足跡。以一學期製作一本學習檔案來說，學生在畢業前就可以有好幾本學習檔案；這些檔案評量可以看出學生在不同時期的學習內容和狀態，藉此檢視成長與學習的痕跡。

New Ways of Classroom Assessment（Brown, 1998）提到製作檔案評量

的主要步驟，我們將這些步驟結合英語教學上的需要，加上實際教學考量，修正整理如下：

1. 確定檔案評量的主題

一份評量讀、寫能力和一份評量聽、說能力的檔案在設計上有許多不同，因此老師有必要在開始規劃前先釐清檔案評量的目的，思考哪些活動的檢核適合放入檔案評量。如果是讀、寫能力的檔案，則閱讀寫作學習單、故事重述的繪圖、讀者劇場的劇本等都可以納入其中。相較之下，聽、說活動就比較適合以面對面的演練作為檢核；如果老師願意花時間將學生的表演拍攝下來，當然也可以將光碟片放進檔案。因此，老師必須先決定評量的主題，再挑選評量的項目。

2. 確定評量檔案內的資料

評量資料可以是檢視學生進步幅度的表格、分析學習狀況的文字紀錄，或是傳統的成績表。不論是表格、文字紀錄或成績單，都必須根據第一項「檔案評量的主題」來加以選擇。值得一提的是，在選擇時每位老師必須考慮自己可以投入的資源和時間，不要太勉強自己；對一位極度忙碌的老師而言，也許挑選單一表格或是分數成績單會比全是文字紀錄的評量來得實際有用。

3. 確定檔案評量的形式

老師在出給學生的作業時，應該將檔案評量列入考慮，選擇可讓學生納入評量檔案的作業。初階者可以資料蒐集為主，例如收集某個主題的相關剪報；程度好一點的學生可以撰寫報告，甚至是學生間的互評表，都可以放進資料夾。只要老師清楚資料製作的過程能帶來何種學習效益，任何形式都是可以嘗試的選擇。

4. 清楚說明執行檔案評量的方式

以上三點所討論的是老師對評量檔案內容的規劃。老師可以擇一或多項進行，決定之後，老師必須具體地向學生說明這份檔案評量的目的、

包含的資料、活動的進行、如何做紀錄，甚至是評分的標準。我們建議老師訂出每個項目的評分標準，以利後續的評分動作。老師可以將評分標準打成表格放在檔案的最前面，讓學生製作檔案和老師評分時方便參考。以讀者劇場的劇本改寫為例，老師可以訂定出如表 12.3 的評分表：

表 12.3　讀者劇場評分表格範例

作業	老師的要求		評分標準（依照配分標準調整）
讀者劇場	有做到的打勾	得分	棒極了　　5 分
	□按時繳交	＿＿＿分	真不錯　　4 分
	□依照格式撰寫	＿＿＿分	有進步　　3 分
	□字體工整	＿＿＿分	可以更好　2 分
	□內容富創意	＿＿＿分	請多用心　1 分
	總分：		

5.化想法為行動

當師生雙方對檔案評量的內容有共識之後，就可以開始動手製作檔案。這裡的製作過程指的是基本資料的準備。老師可以將檔案要檢核的項目和標準先行發給學生，放在檔案夾裡的最前面，學生接著可以進行製作作者資料和美工設計。當檔案完成後，再加上目錄、檔案編排說明，甚至是個人未來的展望。老師可以斟酌自己參與製作的程度，選擇部分參與或是不參與製作檔案的過程。

6.評分

除了一般常見的成績表，老師還可以利用統計圖，讓學生成績的高低變化一目了然。另外，評量的方式也可以是學生自評或他評，一來能增進學生間的互動，二來可以幫助老師更客觀、更全面地檢視學生的學習結果。

7.分享時間

　　檔案評量如果只做到放入資料和評分就結束，那就可惜了這些耗時耗力的成果。建議老師可以展示這些檔案，讓學生互相觀摩，了解什麼是好的檔案評量，優點在哪裡。此時，也許有學生會問為什麼某些作品可以得到高分，老師必須趁機解釋評分標準是依據個人進步的多寡，不是能力的高下，讓孩子了解，也激勵能力不足的孩子向其他孩子看齊。觀摩過後，老師可以帶領學生思考如何改進自己的檔案，也可以讓學生根據這次的經驗寫一份心得或是摘要，或是根據學生的學習成果寫一封給家長的信；這樣不僅可以增進親師溝通，也等於給予學生回饋。

　　了解檔案評量之後，我們也必須知道檔案評量並非完美。首先，製作檔案評量需要較多經費和時間，家庭資源比較不足的孩子，也許無法做得精采，老師因此可能需要花更多心思弭平這些差距。其次，父母的參與度也會影響檔案評量的內容。有些父母沒有時間帶領孩子蒐集資料或提供諮詢，而有些父母可能過度關心，造成檔案評量只有名字是孩子的，而內容和美工都是父母代勞。其次，檔案評量重視品質勝於數量，一份好的檔案評量需要孩子具備足夠的思考能力，寫下反思、心得、檢討等較高層次的學習產物，才不會變成單純的資料蒐集。但是孩子間的能力一定有落差，能力還處於低層次思考模式的孩子，也許無法製作如此「高標準」的作業。

　　要克服家庭資源不平均和能力落差的缺點，老師必須具備慧眼，看出孩子的程度和能力，訂定不同的標準。以英語讀寫檔案評量為例，能力好的孩子可以在檔案評量裡蒐集讀書心得，能力不足的孩子則可以抄寫或是圖畫代替書面心得報告。

　　此外，因為檔案評量會有許多文字資料，老師在訂定評分標準時，可以視情況決定要注重學生語言表達的流暢度或是正確度。對年紀較大或程度較好的孩子應該注重正確度，老師可以協助訂正拼字與文法；對

年紀較小的孩子或初學者則應著重流暢度，自創字可以暫時忽略，但高頻率單字的錯誤就可以挑出來多加練習。

　　老師對文字的要求可以有不同標準，但是一些基本的美工編排，例如標明作者、製作目錄等，就可以要求孩子確實做到，學習製作檔案的基本能力。

　　除了評分的問題，因為檔案評量歷時較長且重視給予回饋，老師必須花更多時間和心思看過每一本檔案評量，因此老師的工作時間與分量的分配也必須考慮進來。

　　參考過檔案評量的優缺點後，如果老師覺得檔案評量是合適的評量性工具，就可以開始動手準備，以多元的方式挑戰孩子的能力，增進學習的興趣與廣度。

12.3　其他評量方式（other assessments）

　　另外兩種經常出現於教室中的評量方式有學習日誌（learning journal）與學習護照（learning passport）。這兩種評量方式在國小或多或少都有實施，只是形式和執行方式上有所不同。我們將在本節提出折衷的想法及做法，使之更貼近教學需求，以利老師們運用在英語教學上。

學習日誌（learning journal）

　　從「日誌」二字，我們可以猜想到這種評分方式需要較多的文字紀錄。學習日誌是一種類似日記的寫作，在臺灣的學校中比較常見的模式是「週記」；應用在英語教學上，老師可以訂定主題讓學生以寫日記的形式，寫下自己的所學所感。雖然學習日誌看似在尚未具備高階寫作能力的國小教學環境難以推行，但只要適度的修正，學習日誌不僅是很好的學習紀錄，更可以增加練習書寫和師生溝通的機會。以下舉出兩種進行

模式，提供老師們參考。

　　首先，老師們可以採用期初、期中、期末的紀錄來進行評量。針對國小學生，這種學習紀錄的形式可用類似學習單的模式進行，即老師設計問題讓學生逐步回答完成，以取代直接書寫心得的模式。學期一開始，老師可以先讓學生知道該學期的課程和評分方式，之後讓學生寫下面對這樣的挑戰時，自己已具備的優勢與需要加強的地方。這張學習單可以命名為「我的成長計畫」或是「超級挑戰王」等，主要是讓學生有機會自我評估目前的能力與程度在哪個階段。接著在期中考之後，讓學生根據這段時間的學習結果，重新審思並記錄下一階段努力的目標，到了期末再做總結性的反省。目前國小裡較簡易的替代性作法是讓學生在考試前寫下預期分數，以此建立預期達成的目標。

　　上面提到的學習日誌，一學期只實施三次，如果老師願意投注更多時間和心力，可以採用下面所提的學習日誌方式。首先請學生們準備一本筆記本，讓他們每週或每雙週寫下與學習相關的心得，並定期繳回。心得的內容應著重學習遇到的困難或收穫、教學上對自己最有幫助或最無幫助的做法，或是其他與學習相關的問題；當然，這種學習日誌也可以與檔案評量結合，讓學生寫讀書心得，或是其他閱讀的作業。重點是老師必須在批改時與學生產生互動，給予回饋或解釋，進而追蹤學生的學習情形，並隨時調整自己的教學方法；甚至，如果有需要，老師可以每隔一段時間就輪流與幾位學生晤談。與上面提到一學期三次的學習日誌相比，這種形式質量並重，老師也更能與學生產生互動；但相對地老師需要投入更多的時間與心思。此外，老師可以告訴學生學習日誌內容未經本人同意公開前絕對保密，讓學生能放心地暢所欲言，也藉此讓學生產生和老師說悄悄話的親密感。

　　這些文字紀錄也可以納入評分範圍。其實學生在書寫學習日誌時就已經是在評量自己的學習情況，老師在閱讀日誌時則是同時進行回饋與

評分的工作。評量學習日誌，應著重在學生是否認真、誠實地評估自己的學習情況，並試圖表達出來；同時，寫作時發生的文法及拼字錯誤則應該暫時忽略。如果老師願意利用這樣的互動方式與學生進行常態性的溝通與輔導，學生也會願意追蹤自己的學習狀況，以更好的表現回饋給老師。

學習護照（learning passport）

學習護照的概念類似大富翁或闖關活動，將一系列與教學相關的活動或項目結合在一起，讓學生自由進行，只要能完成學習護照中的活動或項目即可。舉例來說，老師可以將一學期的學期目標逐一標示在學習護照上，像是「我能唸出 26 個字母」、「我會寫出 26 個字母」、「我會分辨字母的大小寫」等。當學生完成一項學習目標後就請老師蓋章，學生可以算算自己得到多少章，了解自己的學習狀況。老師也可以將這些學習目標設計成闖關的關卡，在學期結束時讓學生挑戰，一次驗收當學期的學習成果。在闖關活動中，學生可以先從自己熟悉的項目開始做起，再根據自己的能力逐漸挑戰其他項目。因為實施學習護照時通常會給予一段時間以完成所有的活動，學生因此有機會可以在進行較困難的關卡前觀摩其他闖關同學的做法，等於提供再次學習的機會。製作學習護照時，老師只要設定基本通過分數即可，例如滿分是 40 分，基本通過分數是 30 分，如此一來，學生不致感到太大的完成壓力，行有餘力若能多做多得分，也會覺得更有成就感。

學習護照也可以和教室裡的各個學習角結合。利用日常輪流使用學習角的模式，在每個學習角排定一些待完成的任務請學生逐一完成，最後再將學習護照交由老師評分。程度較好的學生如果提早完成任務，就可以當學習角的負責人，幫老師監督甚至指導使用學習角的小朋友。

進行學習護照活動需要動員全班學生，老師也需要設計一系列的任

務和學習護照的形式、訂定評分標準、佈置環境、向學生說明活動進行的方式等，因此會花費較多時間。雖然動態的教學流程可以帶來不少樂趣，但建議老師們可以依照課程進度和時間安排活動，一學期能舉辦一次就足夠，不需要為了營造快樂活潑的氣氛而經常舉辦這樣較大型的活動。如果只進行簡易的紙上闖關活動，例如分別在各關唸讀 A－Z 的大小寫，這樣的活動因為僅需少數的人力、經費及時間，倒是可以較常舉辦，讓學生邊玩邊學習。總而言之，學習護照應該是在學習達到一定的水準之後，才利用這種動態活動做多樣綜合性的評量。

　　評量的方式千變萬化，本章所提到的這幾個例子是目前較常見、又具有修改彈性的評量方式，希望可以讓老師因應學生程度來挑選適用的方法。如果老師能以此為基礎，發展出更優質的評量方式，才是本章的最終極目標。

第 **13** 章　班級經營（classroom management）

13.1　教師的角色（teacher roles）

現今教室的活動重心與主導權已由以往的老師導向逐漸轉移到學生身上。但老師並非因此完全處於被動的角色，相反地，老師必須提供更仔細的課前規劃，並從旁隨時提供支援，幫助學生成為學習的主人。本節要探討老師在一個班級中的定位為何，其中包含除了語言教學外，老師應該從何輔助學生。Ellis, Girard 和 Brewster（2002）提到老師在教室的主要角色有三：提升學習動機、掌控教室氣氛以及組織學習活動。然而，臺灣的教育環境屬於大班教學，學生能力落差的影響將會增加課堂活動設計的複雜度，老師必須進行更多面向的思考才能照顧到更多孩子。對此，Hess（2001）認為除了以上三點，還可以加入許多非語言學習的活動，像是增加互動的晤談，以加深師生雙方的認識與默契為基礎，進而著手班級經營。Christenbury（2000）除了提出類似的看法之外，也認為其他外在的硬體設施和特殊的教學技巧，也是幫助老師成為稱職教師的關鍵。臺灣的兒童英語老師多屬科任教師，一個人要教導許多班級；因為缺乏時間和空間與學生培養足夠的默契，所以在班級經營上需要一些特別的技巧，才能勝任愉快。以下整理各家說法並搭配實際教學環境可能遭遇的情況，藉此探討在臺灣這樣的英語教育環境下，老師應該或能夠扮演的角色。

1. 提升學習動機

身為老師，引起並提升學生的學習動機可以說是最主要也是最重要的工作。學生如果缺乏足夠的動機，即使活動設計得再好、再有趣，學生也只是被動地被灌輸知識，無法成為主動的學習者。

學習動機一般又分為內在動機與外在動機。外在動機是指經由外在

的刺激促進學習者開始學習，例如考試就是很典型的例子。外在動機雖然能督促學生學習，但是因為並非是學生真正渴望或內化的需求，因此當外力消退時便容易意興闌珊、中斷學習。真正能讓學習持之以恆的是內在動機的督促。當學生對學習英文這件事感到認同或有興趣時，就算沒人帶領，他們也會以自我挑戰為樂趣，不斷地進步。因此，提升學習動機，特別是內在動機，是老師的首要任務。Cajkler 和 Addelman（2000）建議為了保持學生高昂的學習動機，老師在活動與任務的設計上不僅要以提升語言能力為目的，還應該兼顧提升自信、自尊和提供學習樂趣的特性。因此，老師要隨時覺察學生對達成目前任務的企圖心，以便適時地調整學習內容來引起學習動機，而絕不是填鴨式地逼迫學生吸收。除了在課堂上立即觀察學生的學習動機，老師也可以從學生過去的學習經驗去理解。以往具有正面學習經驗的學生較容易具有足夠的信心和動機來面對挑戰，學習新的課程；反之，過去學習成就較低落的學生則需要老師在活動中為他們培養自信，逐漸提高他們學習的動力。因此，當老師在管理班級、編寫教案時，「學習動機」這股無形的力量必得仔細納入考慮，才可以使教學事半功倍。

2.掌控教室氣氛

　　教室掌控方面是指老師使用技巧適度地控制班級秩序和氣氛，讓學生能確實跟著教學步驟執行任務，並同時營造安全感，使學習效益提升；而要掌控教室最基本的工作是建立班級常規。在一開始，老師可以訂立一些基本的要求，同時透過和學生討論，補足全班都認同的班規，重點是要讓學生了解制定這些規定的前因後果，並學會為自己的行為負責。班規除了規定「不能做」和「應該做」的事，最好也加入獎勵的部分，提升正向鼓勵的意義。而獎勵不限於實質的給予（如贈送小禮物或讓學生挑選想看的英語錄影帶），任何鼓勵讚美的語言也可以視為一種獎勵。有了班級常規的基本概念後，下面列出一些在課堂上可實施的具體項目，

提供老師參考；其中讚美與鼓勵的部分因為隨時可以在口語和動作上進行，因此不特別列入。

(1) 生活常規

生活常規是學生心裡的一把尺，任何在學校生活中的行為都需要這把尺來衡量。因此，舉凡基本禮儀（如問好）、課堂注意事項（如上課要準時）、課業基本要求（如繳交功課）等，都可以納入這部分。這些常規雖然項目繁雜，但因為孩子們在學校生活已久，對團體生活已經有基礎的概念，所以老師不需要逐一提醒。而面對新班級時，老師可以挑出重點解釋即可；若學生不小心違反規定，老師只需要再次提醒，並藉機進行機會教育。

(2) 在混亂中尋求平衡

臺灣傳統的教學氣氛是安靜無聲。然而，前面提到許多的活動都是以鼓勵學生發言、討論來促進語言能力的進步，兩相比較，自然有所衝突；再加上若有遊戲活動，課堂上勢必會有鬧哄哄的情形出現。這時候老師就應該判斷教室裡的混亂——包含嘈雜的聲音、四處走動的學生——是學生在積極地參與活動，抑或是秩序脫軌。若是秩序脫軌，老師自然應該適度地糾正，因為有秩序的氣氛確實可以幫助學生專注於學習，而學生也有權利享有這樣的學習環境。但若經過判斷，課堂上的混亂是屬於學生熱烈參與的結果，老師則應該適度地容忍，僅需提醒學生降低音量，將全班的音量控制在合理的範圍內即可。

此外，混亂中最怕學生離開教室，發生意外。因此老師除了上課點名，還可以準備座位表或是讓學生製作名牌，以便隨時掌握學生動向。名牌除了能協助老師掌握動向，在口頭鼓勵時也有很好的效果。試想老師說：「那個穿紅衣服的小朋友很棒！」跟「張小華，你很棒！」哪一個能讓學生感同身受？名牌提供掌握學生動向和獎勵的直接途徑，是個不錯的輔助工具。

(3) 保持學生的專注力

這部分是特別指需要專注於老師身上的時候。像是聽故事、看老師示範或講解單字文法等活動因為缺乏自己動手的部分，學生很容易就神遊四海。此時，有的老師會採用較軟性的方式來喚醒學生的注意力，例如穿插一個小活動或唱首歌謠來提振精神；但若有必要，有時候直接的提醒也是不錯的方法。當情況不太嚴重時，老師可以輕敲桌子或保持沉默，讓學生自己發現哪裡需要改進。若學生分心得太嚴重，口語的提醒也是可以採取的方式。但切記任何提醒及糾正都是對事不對人，目的是為了保持良好的整體學習環境，絕不可因為老師主觀的認定或情緒上的發洩，而造成人身攻擊。每個學生的個性都不同，對於同一句話的感受也不一樣；老師最好能先觀察學生的人格特質，再選用適合的方式提醒。如果因為學生人數太多而無法一一詳記，在表達時就要盡量客觀，以免無意中傷了孩子的心。

以上提及的事項屬於較偏向班級管理和無形的氣氛營造。接下來我們要談到老師在課程組織學習活動中的角色。這部分的成果常常以檔案、教案的方式實際呈現。這些書面資料不只是具體的教學計畫，也是一種保存教學成果、提供未來教學反省的依據。如果說組織學習活動的書面資料是教育工程的藍圖，那麼如何應用這些資料，以及如何經營一個班級，就要靠工程師——也就是老師——指揮的功力；唯有兩者互相配合，理論與實際兼顧才可以達到最好的效果。

3.組織學習活動

課程組織方面除了課程安排之外還有許多面向，如小組活動、能力落差、時間管理、教學紀錄與評量和活動設計。其中分組活動將在下節專門介紹；時間管理與活動設計則已經融入第十章的教案編寫中。

談到分組活動，老師必然會注意到能力落差的問題，根據不同的活動和教學目標，老師可能會採取同質分組或是異質分組的不同模式。此

外，在面對全班的教學上，老師也會發現不同能力的孩子會有不同的學習反應。因此能力落差可以說是影響老師班級經營和教學目標的一項因素。這裡針對能力落差這個問題，提供一些想法與方法，以期給老師一些靈感，在實際教學中百戰百勝。

大班制的定義不一，雖然臺灣的教學環境從以往的一班六十多人到現今一班三十多人，但與國外許多十多人的班級相比，仍可說是大班制教學。大班制教學勢必存在有能力落差的問題，與其在意人數，不如從調整心態開始，先從中發現優勢，再進而調整教學辦法。Hess（2001）就在書中提出大班制教學的挑戰和因應之道。

一般說來，大班制可能有的挑戰是：

◑老師經常感到班級秩序處於失控狀態。

◑經常有多得似乎改不完的作業。

◑較難協助單一學生。

◑較難帶動安靜的學生、活絡班級氣氛；而一旦帶動了氣氛又容易造成班級失控。

然而，我們可以另一個角度思考，大班制具備的好處是：

◑有足夠的學生產生互動。

◑有豐沛的資源和人力。

◑為了配合眾多學生的需求，老師的專業能力會自然成長。

◑面對眾多不同的學生與可能產生的教學挑戰，老師勢必要具備多種知識技能並靈活運用自己的長項，以應付層出不窮的課堂問題。

◑大班制最重要的好處是，老師永遠不會覺得無聊。

不論老師是樂觀或嚴肅地思考大班制的問題，Hess 提到的幾點守則可以提供老師在遇到困難時不同的思考方向：

1.身為老師，不論年資多久、投入教學多深，永遠都會遇到一些令人喪氣的問題，而此時是老師展現處理問題的能力的最好時機。當老師們感到沮喪時，別忘了先喘口氣，積極反思或向外尋求協助資源，或許問題很快就可以迎刃而解。

2.學生特性多樣化：大班制的班級因為學生多，因此學生的特性也呈現多樣化，老師在設計活動和選擇教學技巧時，若能多樣變換，應該更能貼近多數學生的需求。

3.合宜的教學節奏：這裡指的是老師在進行活動時要能掌握適當的節奏，以免班級失控。例如，有時候說個笑話可以提振學習的氣氛，但是一直說下去，學生的注意力容易渙散，老師應該仔細衡量收放的時機。

4.保持學生的高度興趣：老師在設計課程前先了解學生的喜好，利用他們有興趣的話題來引起學習動機。而在教學中，也不妨融入時下流行的話題，只要學生有興趣，專注力自然容易集中。

5.合作學習：想要一肩扛起所有責任的老師往往顧此失彼，尤其是在大班級裡。因此，善用學生資源，將學習的任務回歸到學生身上，例如透過分組的機制，讓學生彼此協助學習，為自己的學習負責，這也是大班制老師必備的法寶之一。

6.個別化：無法兼顧在學習上有特殊需求的學生，必然是讓大班制老師頭痛又無奈的問題。因此，利用學生互相合作提升整體學習狀況後，老師要把握每一次上課的機會，了解學生個別的特殊需求，適時給予協助。此外，學生的檔案、學習角的活動等，都是可以觀察的途徑。這種被特別照顧的感覺會讓學生覺得自己是特別的個體，而不只是大團體中的一個隱形人。

7.多重選擇與開放性：前面提到大班制等於多元性，因此如果老師僅以單一標準去規範所有不同背景的學生，自然會有失衡的情形產生。相反地，若老師可以放開心胸，在不違背學習主旨的前提下，提供更多

的選擇機會，允許學生自由發展，必能激發學生不少潛能。

　　8.建立規則：上列第七點不是鼓勵老師放任學生，相反地，開放自由的氣氛是以班級規範為基礎。因此在一開始，老師就應該和學生討論能共同遵守的班規，奠定行為的規範。

　　9.擴大接觸範圍：老師是否注意到自己常常只和某些學生接觸？上課時不妨在教室四周走動，請平常很少被點到的學生發言，甚至中午時輪流和不同的學生聊天吃飯（班導師比較適用），擴大自己接觸學生的範圍，藉此了解更多學生。

　　10.善用問題：問問題也是一項重要的技巧。下面的問題大多是以學生為思考主體所提出的問題，目的在利用這些問題提供學生思考的方向，當學生無法解答時，就可以利用同儕合作討論的機制來解決問題。

　　▶以「為什麼……」為開頭的問題。

　　▶以「有沒有人可以告訴我……」為開頭的問題。

　　▶以「有沒有人可以幫我澄清……」為開頭的問題。

　　▶把學生提問的問題，拿出來提問全班。

　　▶提問老師自己也不知道答案的問題，但是老師可以引導學生尋找答案的方向。

　　當大班教學遇到問題時，不妨試試上述這些方法，相信每個人都可以愉快地勝任「老師」這個極富挑戰性的角色。

13.2　分組活動（grouping students）

　　分組活動是教室中常見的教學策略。使用分組活動的理由通常是為了發揮分工的力量，透過學生之間的互助達到更高的學習成效。因此，我們可以說分組學習是一種多人分享想法、技術或創意，進而產出結果

的過程；其好處和用意就是結合多人不同角度的智慧和創意，試圖創造出全新的觀點或成果。 提到分組和合作學習 ， 就不可不提 Vygotsky 。 Vygotsky（1978）認為人類主要透過社會參與及與他人互動而產生學習；其中，Vygotsky 特別重視合作（collaboration），將其視為一種社會互動的過程，經由小組內成員的溝通討論產生意義。此外，針對學習的合作機制，Vygotsky（1962, 1978）進一步具體指出在小組中不僅是單純的互助合作，通常較有能力的人可以領導其他組員工作，以提升預達的效果。而分組活動除了讓孩子以團隊精神學習學科內容，也同時間接教導孩子解決問題和與人溝通協調的能力。

　　雖然分組有許多好處，但也不見得所有的課堂活動都適合分組。例如聆聽老師授課時，未必需要小組活動，反而是傳統的座位比較適合，不會使學生受到其他學生的干擾；但是在進行討論或是活動時，則需要適當的分組活動，才可以讓學生進行互動性的同儕學習。

　　分組的方法

　　進行分組前，老師必須詳細說明此次分組的目的與任務，以免活動開始後產生亂哄哄的局面，屆時就要花更多時間在控制秩序上。因此，即使是簡單的分組，也需要老師事前審慎的思考與規劃。

　　除了口頭說明之外，老師可以在黑板上列出分組的條件，像是一組的人數、該完成的任務與期限、評分標準、活動規範等，利用具體的板書隨時提醒學生該完成的事項。又因國小階段的孩童有時候確實需要親眼看到操作過程才能理解，所以最好能立即找幾個學生示範說明如何分組、分組後如何就坐、完成後組長該如何驗收成果，以及每組的角色與工作分配等。建議老師們可以限制分組活動的時間，一來讓孩子有挑戰進度的刺激感，二來可以避免孩子浪費時間。最後，等一切分組說明都結束，才開始正式分組，如此才可以在掌控班級秩序的大前提下，提供

孩子自由發揮的空間。

　　一旦孩子進入工作狀況，老師也必須有心理準備，容許合理的吵雜聲。更重要的是，老師應趁此時走下講臺巡視各組，及時提供指導與協助，了解各組的學習情況。

　　分組模式

　　分組時，老師應依據教學需求和教學目標設定不同的分組型態。常見的分組模式有下面幾種：

　　1.同質分組

　　就是一般常說的能力分組。將學生依照程度分組，讓能力差不多的學生同為一組，並提供不同層次的學習內容，以兼顧在面對能力落差的狀況時，大班教學無法面面俱到的缺失。

　　2.異質分組

　　不同於同質分組，異質小組裡需要各種能力層次的學生。其目的是為了讓能力較高的孩子帶領能力較低的孩子學習，如此一來，能力好的孩子不僅學到溝通技巧，也等於是為自己再複習一次。而能力低的孩子除了得到專人指導，也可以從事其他協助的工作，例如美工、表演等，強化學習自信。

　　3.隨機分組

　　隨機分組見於玩遊戲或是討論的時候。通常老師都會利用小活動進行隨機分組，像是發下撲克牌，讓同一花色的人一組。又如 jigsaw reading 就是一種利用隨機分組進行的閱讀活動。分組前，老師會隨機發下文章片段，然後在活動進行時讓學生自己找組員拼湊出故事的全貌，最後再回到自己那一組對組員說出完整的故事。jigsaw reading 拼湊故事的線索是故事的邏輯性，因此孩子必須不斷思考故事內容和上下文以找到失散的故事片段。而此時，平日不熟稔的同學們如果拿到有相關的故事片段

也就有機會共聚一組討論，增加學生間的互動。

　　以上說的都是教室裡的分組選擇。科技日新月異，現在除了單純的分組，也可以加上網際網路等現代科技，讓同一組學生同時在不同的地點活動。例如同一組的部分學生們可以上網搜尋資料，部分學生到戶外參觀，之後再利用線上通訊軟體討論並彙整成果。如果能善用這些科技於分組教學上，分組活動就更能兼顧到多樣性和多元智慧的運用。

　　分組活動在許多教室裡已經是一種常見的安排，但是也有些老師不願意執行分組活動，仍堅持傳統的上課方式。其實老師確實不需要盲從，而應該是靜下來思考怎樣的教學方法和座位安排最適合自己的班級。雖然分組活動看似熱鬧，但也有不易掌握班級秩序的缺點。因此，最理想的狀況是老師能因時制宜，並減少其帶來的負面效應，讓分組活動發揮最大的效用。

13.3　給予回饋（giving feedback）

　　從第十章開始，我們從各式各樣的教材談起，一直到各種教學活動的應用、紀錄與評量的設計，無非都是為了讓學生學得更好、學得更多。當所有教室裡的活動都結束，老師的任務卻還沒結束——給予學生回饋，並提供未來學習的方向，才是完美的句點。

　　從回饋中，學生等於收到一份總整理的禮物，可以看到自己的長處和潛力，以及未來需要努力的方向。對老師而言，不論是口頭的或書面的，在給予學生回饋的時候，也等於是再次檢視每位學生的學習成就，同時是在為自己留下教學的紀錄，奠定將來修正教學模式的基礎。

　　除了由老師給予回饋，學生之間也可以互相給予回饋，讓學生主動去發現同學的進步。若要進行這項活動，老師必須知道孩子是由感性的角度出發，重點應該著重於學習態度、生活技能等方面，而任何需要老

師專業評估的學習成就不宜納入。

給予回饋是雙向的互動，不僅學生會收到老師的回饋，老師也可以在學期末請學生給予教學上的意見，藉此改進教學的技巧。但是國小學童年紀尚小，思慮尚未周全，因此老師也可以請其他老師給予意見。目前教育部大力推動的教師專業發展就是希望利用校內同儕的力量，互相給予回饋，提升教學技能。而本章將著重在老師如何給予學生回饋；一位懂得精益求精的老師不僅善於給予學生回饋及適合的指導，也懂得利用這些回饋充實自身。

給予回饋時，老師可以針對學習科目和班級經營做不同的回饋單，或是融合所有學習面向於一張總表。只要能讓學生清楚知道老師的期望與要求，回饋單的格式不需拘泥。既然回饋是有目的性的、有意義的教學一環，接下來我們要探討什麼樣的內容適合拿來給予學生回饋，以作為有系統、有條理的修正依據。

首先，老師可以就學生的整體表現給予大致的意見；生活常規、學習情況、用心程度、進步的幅度和對學生的期許都可以納入回饋之中。但是光有這些大方向，學生可能無法得知具體改進的項目。因此，接下來老師必須再針對某些細項提出具體的看法。細項可以由老師自訂，每個班級和每種課程都有特別要求的一些學習方向，像是閱讀課程也許特別重視閱讀策略、流暢度、泛讀的學習；而生活常規這個大項目裡也許又細分為按時完成功課、上課專心、能與他人合作等。老師可以按照這些方向給予意見。

在實際應用上，如果要一項項給予文字敘述或口頭說明，恐怕老師無法應付；建議老師可以繕打一份適用的表格，利用勾選或給分數的評分方式穿插部分文字敘述來製作回饋單。以閱讀課程的部分回饋為例（參見表 13.1）：

表 13.1　　閱讀課程回饋單

	有做到的打勾或評分	具體建議（文字敘述）
閱讀策略	☐能說出學到的閱讀策略 ☐能判斷何時應用閱讀策略 ☐能應用至少兩種閱讀策略	
閱讀流暢度		
閱讀速度		
總回饋		

　　以上說的是學生學習之後的檢討。而積極的回饋應該還要包含老師對於學生未來的期望，提供學生新階段學習的目標；這部分還可以涵蓋對於舊課程可以加強的項目，對於新課程應該注意的細節，甚至是針對學生學習特質給予肯定，和建議可以嘗試的其他學習方式。譬如有的學生偏重視覺學習，老師就可以提供其他學習面向，如聽覺或肢體方面，也許能平衡學生的智能發展。以上這些細節都適合在回饋單中斟酌說明。

　　教學時，老師必須注意到對於不同能力的孩子應該有不同的標準，而這點也會反映在回饋上。孩子的個性差異，也可能影響老師給予回饋時的用字遣詞；有的學生需要大量的鼓勵來培養自信，有的學生則需要老師明確說出哪裡需要改進。但不論是何種個性的孩子，老師在文字的挑選上都必須盡量保持客觀和正向的態度，對事不對人，更要避免攻擊性的字眼，以免扭曲給予回饋的美意。

　　回饋整理好之後，除了最常見的放在學期末的成績單上給家長參考以外，老師也可以另外製作一張回饋單，夾入孩子的學習檔案；日後孩子若能將每年的回饋單拿出來比較，檢視自己的成長必然是趣事一件。回饋單上如果有特別的狀況要交代，老師也可以親自和孩子說明給予這些回饋的原因。

　　也許有些老師會覺得製作回饋單是一項耗費心力的大工程，但是換

個角度看，不妨將它想像成給孩子們的一封信。每封信裡都有老師滿滿的期望和讚美，孩子們收到這樣一封充滿愛心與用心的專屬信件，必定珍惜萬分。不如就利用這些回饋單，為教學增加人情味，相信不論是老師或是學生都會有所收穫。

- 張宛靜 (2007)。讀者劇場於英語教學上的應用。網路社會學通訊期刊。民 97 年 4 月 13 日，取自：http://www.nhu.edu.tw/~society/e-j/66/index.htm

- 鄒文莉 (2005)。說故事與英語教學—訓練英語的聽、說、讀、寫。台北，台灣：東西出版事業股份有限公司。

- 鄒文莉 (2005)。讀者劇場在臺灣英語教學環境中之應用。收錄於 Lois Walker 所著，《Readers Theater in the Classroom》（10-18 頁），台北：東西圖書。

- 鄒文莉 (2006)。教室裡的迷你劇場。台北：東西圖書。

- 鄒文莉 (2003)。Storytelling 教師工作坊：為說故事英語教學紮根。**南師學報，37(2)**，67-84。

- Adams, M. (1990). *Beginning to Read: thinking and learning about print*. Cambridge, MA: Massachusetts Institute of Technology Press.

- Aiex, N. K. (1988). *Storytelling: Its wide-ranging impact in the classroom*. (Eric Document Reproduction Service No. ED 299 574)

- Allright, R. (1988). *Observation in the language classroom*. London: Longman.

- Bank Street College. (1997). *America reads: Bank Street College's approach to early literacy acquisition*. Retrieved April 21, 2008, from the World Wide Web: http://www.paec.org/david/reading/amreads.pdf

- Bates, E., & MacWhinney, B. (1989). Functionalism and the competition model. In B. MacWhinney & E. Bates (Eds.), *The cross-linguistic study of sentence processing*. (pp. 3-73). New York: Cambridge University Press.

- Bates, E., MacWhinney, B., Caselli, C., Devescovi, A., Natale, F., & Venza, V. (1984). A cross-linguistic study of the development of sentence interpretation strategies. *Child Development, 55*, 341-354.

- Bloom, B. S. (Ed.). (1956). *Taxonomy of educational objectives: The classification of educational goals, Handbook I*: Cognitive domain. New York: Longman.

- Blum, I., Koskinen, P. A., Tennant, N., Parker, E. M., Straub, M., & Curry, C. (1995). Using audiotaped books to extend classroom literacy instruction into the homes of second-language learners. *Journal of Reading Behavior, 27*, 535-563.

- Brewster, J., Ellis, G., & Girard, D. (2002). *The primary English teacher's guide.* London: Penguin Books.

- Brown, H. (1980). *Principles of language learning and teaching.* Englewood Cliffs, N.J.: Prentice-Hall.

- Brown, H. D. (2001). *Teaching by principles: An interactive approach to language pedagogy* (2nd ed.). White Plains, NY: Addison Wesley Longman.

- Brown, J. D. (Eds.) (1998). *New ways of classroom assessment.* Teachers of English of Other Languages, Inc.

- Bruner, J. S. (1983). *Child's talk: Learning to use language.* New York: W. W. Norton.

- Burns, M.S., Griffin, P., & Snow, C. E. (Eds.). (1999). *Starting out right: A guide to promoting children's reading success.* Washington, DC: National Academy Press. Available online: http://www.nap.edu/html/sor/

- Bus, A. G., van Ijzendoorn, M. H., & Pellegrini, A. D. (1995). Joint book reading makes for success in learning to read: A meta-analysis on intergenerational transmission of literacy. *Review of Educational Research, 65*(1), 1-21.

- Busch, D. (1982). Introversion-extroversion and the ESL proficiency of Japanese students. *Language Learning, 32*, 109-132.

- Cajkler, W. & Addelman, R. (2000). *The practice of foreign language teaching.* London: David Fulton.

- Campbell, R. (2003). *Read-alouds with young children.* Alexandria, VA: International Reading Association.

- Carbo, M. (1978). Teaching reading with talking books. *The Reading Teacher, 32*, 267-273.

- Carver, R. P., & Hoffman, J. V. (1981). The effect of practice through repeated reading on gain in reading ability using a computer-based instructional system.

Reading Research Quarterly, 16, 374-390.

- Celce-Murcia, M. (1991). Language teaching approaches: An overview. In M. Celce-Murcia (Ed.), *Teaching English as a second or foreign language.* (2nd.). Boston, MA: Heinle & Heinle.

- Chamot, A. U. & O'malley, M. (1986). *A cognitive academic language learning approach: An ESL content-based curriculum.* Wheaton, MD: National Clearinghouse for Bilingual Education.

- Chamot, A. U., & O'malley, M. (1987). The cognitive academic language learning approach: A bridge to the mainstream. *TESOL Quarterly, 21,* 227-249.

- Chomsky, C. (1976). After decoding: What? *Language Arts, 53,* 288-296.

- Christenbury, L. (2000). *Making the journey: Being and becoming a teacher on English language arts.* Portsmouth, NH: Boynton/Cook Heinemann.

- Cunningham, P. M. (2005). *Phonics they use: Words for reading and writing.* Boston: Pearson Education.

- Cameron, L. (2001). *Teaching languages to young learners.* Cambridge: Cambridge University Press.

- Clay, M. M. (2001). *Change over time: In children's literacy development.* Portsmouth, NH: Heinemann.

- Cole, J. (1989). *Anna Banana. 101 jump-rope rhymes.* New York: HarperCollins Publishers.

- Collins, F. (1999). "The use of traditional storytelling in education to the learning of literacy skills." *Early Child Development & Care, 152,* pp. 77-108

- Cooper, P. (1989). *Using storytelling to teach oral communication competencies K-12.* Paper presents in The Annual Meeting of the Speech Communication. Association (75th, San Francisco, CA). (Eric Document Reproduction Service No. ED 314 798)

- Crawford, P. (1995). Early literacy: Emerging perspectives. *Journal of Research in*

Childhood Education, 10(1), 71-86.

■ Curtain, H. (1991). "Methods in elementary school foreign language teaching." *Foreign Language Annals, 24*(4), 323-29.

■ Dahl, P. J. (1974). *An experimental program for teaching high speed word recognition and comprehension skills*. Washington, DC: National Institute of Education, Office of Research. (ERIC Document Reproduction Service No. ED 099812).

■ Day, R. R., & Bamford, J. (1998). *Extensive reading in the second language classroom*. New York: Cambridge University Press.

■ Damen, L. (1987). *Culture learning: The fifth dimension in the language classroom*. Reading, MA: Addison-Wesley.

■ Day, R. (1984). Student participation in the ESL classroom or some imperfections in practice. *Language Learning, 34*(3), 69-102.

■ Dlugosz, D. W. (2000). Rethinking the role of reading in teaching a foreign language to young learners. *English Language Teaching Journal, 54*, 284-290.

■ Dowhower, S. L. (1987). Effects of repeated reading on second-grade transitional readers' fluency and comprehension. *Reading Research Quarterly, 22*, 389-406.

■ Dowhower, S. L. (1999). Supporting a strategic stance in the classroom: A comprehension framework for helping teachers help students to be strategic. *The Reading Teacher, 52*, 672-688.

■ Dulay, H., Burt, M. & Krashen, S. (1982). *Language two*. New York: Oxford University Press.

■ Dyer, S. K. (1990). Buckling the basals: One teacher's reading program. *Curriculum Review, 29*(9), 7-11.

■ Ellis, J. (1993). Japanese students abroad: relating language ability in class and in the community. *Thought Current in English Literature, 66*, 45-82. (Eric Document Reproduction Service No. ED: 370 433)

- Ellis, R. (1988). *Classroom second language development.* New York: Prentice Hall.

- Ely, C. M. (1986). An analysis of discomfort, risk-taking, sociability and motivation in the second language classroom. *Language Learning, 36*(1), 1-25.

- *Environmental print.* (n.d.). New Castle, Indiana: Wilbur Wright Elementary School. Retrieved April 21, 2008, from the World Wide Web: http://nccsc.k12.in.us/perduec/envirprint.htm

- Ericsson, K. A., Krampe, R. TH, & Tesch-Romer, C. (1993). "The role of deliberate practice in the acquisition of expert performance." *Psychological Review, 100*(3), 363-406.

- Faulkner, H. J., & Levy, B. A. (1994). How text difficulty and reader skill interact to produce differential reliance on word and content overlap in reading transfer. *Journal of Experimental Child Psychology, 50,* 1-24.

- Feitelson, D., Goldstein, Z., Iraqui, J., & Share, D. L. (1993). Effects of listening to story reading on aspects of literacy acquisition in a diglossic situation. *Reading Research Quarterly, 28,* 71-79.

- Gardner, H. (1983). *Frames of mind: The theory of multiple intelligences.* New York: Basic Books.

- Gomez, A. M. and others (1995). *When does a student participate in class? Ethnicity and classroom participation.* Paper presented at the 81st Annual Meeting of the Speech Communication Association at San Antonio, TX: 18-21

- Goodman, K. (1967). Reading: A psycholinguistic guess game. *Journal of the Reading Specialist, May*, 126-135.

- Gooman, K. (1986). *What's whole in whole language?* Portsmouth, NH: Heinemann.

- Goswami, U. (1994). Onsets and rimes as functional units in reading. In E. M. H. Assink (Ed.), *Literacy acquisition and social context: The developing body and mind* (pp. 47-69). London: Harvester Wheatsheaf/Prentice Hall.

- Grabe, W. (2004). Research on teaching reading. *Annual Review of Applied*

Linguistics, 24, 44-69.

■ Grabe, W., & Stoller, F. L. (2002). *Teaching and researching reading.* Harlow: Pearson Education.

■ Gudykunst, W. B. & Kim, Y. Y. (1984). *Communicating with strangers: An approach to intercultural communication.* Reading, MA: Addison-Wesley.

■ Hall, E. T. (1959). *The silent language.* New York: Doubleday/Fawcett.

■ Hall, J. K. (2001). Methods for teaching foreign languages: Creating a community of learners in the classroom. Upper Saddle River, NJ: Merrill Prentice Hall.

■ Heckleman, R. G. (1969). A neurological-impress method of remedial-reading instruction. *Academic Therapy Quarterly, 4,* 277-282.

■ Harley, B. (1994). Appealing to consciousness in the L2 classroom. *AILA Review, 11,* 57-68.

■ Harley, B., Howard, J. & Hart, D. (1995). Second language processing at different ages: Do younger learners pay more attention to prosodic cues or to sentence structure? *Language Learning, 45*(1), 43-71.

■ Harris, P. R. & Moran, R. T. (1979). *Managing cultural differences.* Houston: TX: Gulf Publishing Company.

■ Hatch, E. (1974). "Second language learners—universals?" *Working Papers on Bilingualism, 3,* 1-17.

■ Hayes, S. A. (1996). Cross-cultural learning in elementary guidance activities. *Elementary School Guidance & Counseling, 30*(4), 264-74.

■ Hedrick, W. B., & Pearish, A. B. (1999). Good reading instruction is more important than who provides the instruction or where it takes place. *The Reading Teacher, 52*(7), 716-726.

■ Herman, P. A. (1985). The effect of repeated readings on reading rate, speech pauses, and word recognition accuracy. *Reading Research Quarterly, 20,* 553-564.

■ Hendrickson, J. M. (1992). *Storytelling for foreign language learners.* (Eric

Document Reproduction Service No. ED 355 824)

- Hess, N. (2001). *Teaching large multilevel classes.* Cambridge: Cambridge University Press.

- Hill, S. (1999). *Phonics: Focus on literacy.* Melboume: Eleanor Cutain Publishing.

- International Reading Association & National Council of Teachers of English. (1996). *Standards for English language arts.* Newark, DE, & Urbana, IL: Authors.

- Jones, B., Palincsar A., Ogle D., & Carr, E. (1987). *Strategic teaching and learning: Cognitive instruction in the content areas.* Alexandria, VA: Association for Supervision and Curriculum Development.

- Justice, L. M., & Lankford, C. (2003). Preschool children's visual attention to print during storybook reading: Pilot findings. *Communication Disorders Quarterly, 24,* 11-21.

- Kirkland, L., Aldridge, J., & Kuby. P. (1991). Environmental print and the kindergarten classroom. *Reading Improvement, 28*(4), 219-222.

- Krahnke, K. (1987). *Approaches to syllabus design for foreign language teaching.* Washington, DC: Center for Applied Linguistics.

- Krashen, S. (1982). *Principles and Practice in Second Language Acquisition.* Oxford: Pergamon.

- Krashen, S. (1987). *The Input Hypothesis: Issues and Implications.* London: Longman.

- Koki, S. (1998). *Storytelling: The heart and soul of education.* (Eric Document Reproduction Service No. ED 426 398)

- Koskinen, P. S., & Blum, I. H. (1984). Repeated oral reading and the acquisition of fluency. In J. Niles & L. Harris (Eds.), Changing perspectives on research in reading/language processing and instruction. Thirty-third Yearbook of the National Reading Conference (pp. 183-187). Rochester, NY: National Reading Conference.

- Krashen, S. D. (1982). *Principle and practice in second language acquisition.*

Oxford: Pergamon.

- Kuhn, M. R., & Stahl, S. A. (2003). Fluency: A review of developmental and remedial practices. *Journal of Educational Psychology, 95,* 3-21.

- LaBerge, D., & Samuels, S. J. (1974). Toward a theory of automatic information processing in reading. *Cognitive Psychology, 6,* 293-323.

- Laitta, C., & Weakland, M. (2002). *The dramatically different classroom.* San Clemente, CA: Kagan Publishing.

- Lambert, W. (1974). An alternative to the foreign language teaching profession. In: Altman and Hanzeil (eds.). *Essays on the Teaching of Culture.* Detroit: Advanced Press of America, pp. 11-22.

- Lan, R., & Oxford, R. L. (2003). Language learning strategy profiles of elementary school students in Taiwan. *International Review of Applied Linguistics in Language Teaching. 41*(4), 339-379.

- Landolfi, L. (1998). Children writing in a foreign language. *Rassegna italiana dilinguistica applicata Rass. Ital. Linguist, 30*(1), 99-118.

- Larsen-Freeman, D. (2000). *Techniques and principles in language teaching.* Oxford: Oxford University Press.

- Lear, E. (2001). *The complete verse and other nonsense.* London: Penguin Books Ltd.

- Literacy Connections. (2001). *In their own words. The language experience approach: A method to reach reluctant or struggling readers.* Retrieved from http://literacyconnections.com/InTheirOwnWords.php

- Maclean, M., Bryant, P., & Bradley, L. (1987). Rhymes, nursery rhymes and reading in early childhood. *Merrill-Palmer Quarterly, 33,* 255-281.

- Manning, M. (1997). 14 ways to use shared reading. *Teaching PreK-8, 28*(1), 129-132.

- Manning, M., & Manning, G. (1992). Strategy: Shared reading. *Teaching PreK-8, 23*(1), 144-147.

- Manning, M., & Manning, G. (1993). Strategy: Everyone reads. *Teaching PreK-8, 23*(6), 81-83.

- Marshall, T. (1989). *The whole world guide to language learning*. Yarmouth, ME: Intercultural Press.

- Martin, B. (author) & Carle, E. (illustrator) (1996). *Brown Bear, Brown Bear, What Do You See?* Henry Holt and Company.

- Massachusetts Department of Education. Questions and Answers Regarding Chapter 71A: English Language Education in Public Schools (June 2003). Retrieved August 26, 2005, from www.doe.mass.edu/ell/news03/FAQ._drft.pdf

- Maurer, J. (1997). Presentation, practice, and production in the EFL class. *The Language Teacher Online, 21*. Retrieved October 27, 2008, from http://www.jalt-publications.org/tlt/files/97/sep/maurer.html

- Mooney, M. (1994). Shared reading: Making it work for you and your children. *Teaching PreK-8, 25*(3), 70-72.

- Morgan, R., & Lyon, E. (1979). Paired reading: A preliminary report on a technique for parental intuition on reading to retarded children. *Journal of Child Psychology and Psychiatry, 20,* 151-160.

- Morrow, L. M. (1988). Retelling stories as a diagnostic tool. In S.M. Glazer, L.W. Searfoss, and L.M. Gentile, (Eds.). *Reexaming reading diagnosis: New trends and procedures* (pp. 128-149). Newark, DE: International Reading Association.

- Morrow, L. M., Gambrell, L. B., & Pressley, M. (2003). *Best practices in literacy instruction.* New York: The Guilford Press.

- Naiman, N., Frohlich, M., Stern, H. H., & Todesco, A. (1978). *The good language learner.* Toronto: Ontario Institute for Studies in Education.

- Mitchell, R. & Martin, C. (1997). Rote learning, creativity and "understanding" in classroom foreign language teaching. *Language Teaching Research, 1,* 1-27.

- Nation, I. S. P. (2001). *Learning vocabulary in another language.* New York:

Cambridge University Press.

■ National Institute of Child Health and Human Development. (2000). *Report of the National Reading Panel. Teaching children to read: An evidence-based assessment of the scientific research literature on reading and its implications for reading instruction* (NIH Publication No. 00-4769). Washington, DC: U.S. Government Printing Office.

■ National Reading Panel. (2000). *Report of the National Reading Panel: Teaching children to read. Report of the subgroups.* Washington, DC: National Institute of Child Health and Human Development.

■ Neil, A. (1991). Individual difference in strategy use in second language reading and testing. *The Modern Language Journal, 75*, 460-472.

■ Neil, A. (1999). *Exploring second language reading.* Boston: Heinle & Heinle Publishers.

■ NSW Department of Education and Training (1997). Teaching Reading: A K-6 Framework.

■ Nunan, D. (1999). *Second language teaching and learning.* Boston: Heinle & Heinle Publishers.

■ O'Malley, J. M. & Chamot, A. U. (1990). *Learning strategies in second language acquisition.* New York: Cambridge University Press.

■ O'Malley, J. M., Chamot, A. U., & Kupper, L. (1989). Listening comprehension strategies in second language acquisition. *Applied Linguistics, 10*, 418-437.

■ O'Malley, J. M., Chamot, A. U., Stewner-Manzanares, G., Kupper, L., & Russo, R. P. (1985a). Learning strategies used by beginning and intermediate ESL students. *Language Learning, 35*, 21-46.

■ O'Malley, M., Chamot, A. U., Stewner-Manzanares, G., Russo, R. P., & Kupper, L. (1985b). Learning strategies applications with students of English as a second language. *TESOL Quarterly, 19*, 557-584.

- O'Malley, M., Chamot, A. U., & Walker, C. (1987). Some applications of cognitive theory to second language acquisition. *Studies in Second Language Acquisition, 9,* 287-306.

- O'Malley, M., Russo, R. P., & Chamot, A. U. (1983). *A review of the literature on learning strategies in the acquisition of English as a second language: The potential for research applications.* Rosslyn, VA: Inter America Research Associates.

- O'Shea, L. J., Sindelar, P. T., & O'Shea, D. J. (1985). The effects of repeated readings and attentional cues on reading fluency and comprehension. *Journal of Reading Behavior, 17,* 129-142.

- Oxford, R. L. (1990). *Language learning strategies: What every teacher should know.* New York: Newbury House Publishers.

- Oxford, R. L., Shearin, J. (1994). Language learning motivation: Expanding the theoretical framework. *Modern Language Journal, 78*(1), 12-28.

- Pesola, C. A. (1991). Culture in the elementary foreign language classroom. *Foreign Language Annals, 24*(4), 331-346.

- Rashotte, C. A., & Torgesen, J. K. (1985). Repeated reading and reading fluency in learning disabled children. *Reading Research Quarterly, 20,* 180-188.

- Rasinski, T. V. (1990). Effects of repeated reading and listening-while-reading on reading fluency. *Journal of Educational Research, 83,* 147-150.

- Rasinski, T. V. (2003). The fluent reader: Oral reading strategies for building word recognition, fluency, and comprehension. New York: Scholastic Professional Books.

- Rasinski, T. V. (2006). Fluency: An Oft-Neglected Goal of the Reading Program. In C. Cummins (ed.), Understanding and Implementing Reading First Initiatives (pp. 60-71). Newark, DE: International Reading Association.

- Recht, D. R. (1990). "Storytelling: Is it worth the time?" *Reading Improvement,*

27(1), 12-18.

- Rhodes, L. (1981). I can read! Predictable books as resources for reading and writing instruction. *The Reading Teacher, 34,* 511-518.

- Richards, J. C., & Rodgers, T. S. (1988). *Approaches and methods in language teaching: A description and analysis.* Cambridge: Cambridge University Press.

- Rivers, W. (1981). *Teaching foreign language skills* (2nd ed.). Chicago: University of Chicago Press.

- Robb, L. (2000). *Teaching reading in middle school: A strategic approach to teaching reading that improves comprehension and thinking.* New York: Scholastic.

- Rubin, J. (1975). What the "good language learner" can teach us. *TESOL Quarterly, 9,* 41-51.

- Rubin, J., & Thompson, I. (1982). *How to be a more successful language learner.* [EDRS: 219971].

- Samuels, S. J. (1979). The method of repeated readings. *The Reading Teacher, 32,* 403-408.

- Schmidt, R. (1990). The role of consciousness in second language learning. *Applied Linguistics, 11*(2), 129-158.

- Scott, P. (1985). Storytelling: A guide to the art. *Primary School Notes (P. E. N)* n49. New South Wales, Australia: Primary English Teaching Association. (Eric Document Reproduction Service No. ED 263 552)

- Seliger, H. (1977). Does practice make perfect: a study of interaction patterns and L2 competence. *Language Learning, 27,* 263-278.

- Senechal, M., LeFevre, J., Hudson, E., & Lawson, E. P. (1996). Knowledge of storybooks as a predictor of young children's vocabulary. *Journal of Educational Psychology, 88,* 520-536.

- Skinner, B. F. (1957). *Verbal behavior.* New York: Appleton-Century-Crofts.

- Snowball, D. (1991). Big books for big children. *Teaching K-8.*

- Spada, N. (1986). The interaction between types of contact and types on instruction: Some effects on the second language proficiency of adult learners. *SSLA*, 1986, 181-99.

- Stalling, J., & Kaskowitz, D. (1974). *Follow through classroom observation system 1972-73* (SRI Project URU-7370). Stanford, CA: Stanford Research Institute.

- Stern, H. H. (1975). What can we learn from the good language learner? *The Canadian Modern Language Review, 34,* 304-318.

- Stevick, E. W. (1989). *Success with foreign languages: Seven who achieved it and what worked for them.* New York: Prentice Hall.

- Taguchi, E. (1997). The effects of repeated readings on the development of lower identification skills of FL readers. *Reading in a Foreign Language, 11,* 97-119.

- Taguchi, E., & Gorsuch, G. J. (2002). Transfer effects of repeated EFL reading on reading new passages: A preliminary investigation. *Reading in a Foreign Language, 14*(1), 43-65. Retrieved April 23, 2006, from http://www.nflrc.hawaii.edu/rfl/April2002/taguchi/taguchi.pdf

- Taguchi, E., Takayasu-Maass, M., & Gorsuch, G. J. (2004). Developing reading fluency in EFL: How assisted repeated reading and extensive reading affect fluency development. *Reading in a Foreign Language, 16*(2). Retrieved April 23, 2006, from http://www.nflrc.hawaii.edu/rfl/October2004/taguchi/taguchi.pdf

- Taylor, B. M., Pearson, P. D., Clark, K., & Walpole, S. (2000). Effective schools and accomplished teachers: Lessons about primary grade reading instruction in low-income schools. *Elementary School Journal, 101,* 121-166.

- Topping, K. (1995). Paired reading, spelling, and writing: The handbook for teachers and parents. New York: Cassell.

- Tsou, W. (2005). Improving the speaking skill through instruction about oral classroom participation. *Foreign Language Annals, 38*(1), 46-55.

■ Vallette, R. (1977). *Modern Language Testing*. New York: Harcourt Brace Jovanovich.

■ Van, Lier, L. (1996). *Interaction in the language curriculum: Awareness, autonomy and authenticity*. Harlow, Essex: Pearson Education.

■ Vygotsky, L. S. (1962). *Thought and language*. Cambridge, MA: MIT Press.

■ Vygotsky, L. S. (1978). *Mind in society: The development of higher psychological processes*. Cambridge, MA: Harvard University Press.

■ Weinert, R. (1994). Some effects of a foreign language classroom on the development of German negation. *Applied Linguistics, 15*(1), 76-101.

■ Walker, L. (1996). *Readers' theatre in the middle school and junior high school*. Colorado Springs, CO: Meriwether Publishing.

■ Wilkins, D. A. (1976). *National Syllabuses*. Oxford: Oxford University Press.

■ Wilson, J. A. (1997). A program to develop the listening and speaking skills of children in a first grade classroom. (Eric Document Reproduction Service No. ED 415 566)

■ Wintz, H. & Reeds, J. A. (1973). "Rapid acquisition of a foreign language (German) by the avoidance of speaking". *IRAL, 11*, (1973), 295-317.

■ Wood, D., Bruner, J. S., & Ross, G. (1976). The role of tutoring in problem-solving. *Journal of Child Psychology and Psychiatry, 17*, 89-100.

■ Wood, D. (1998). *How children learn and think* (2nd ed.). Oxford: Blackwell.

■ Wright, A. (1995). *Storytelling with children*. Oxford University Press.

■ Wright, A. (1999). *1000 + pictures for teachers to copy*. London: Longmam.

■ Young, A. R., Bowers, P. G., & MacKinnon, G. E. (1996). Effects of prosodic modeling and repeated reading on poor readers' fluency and comprehension. *Applied Psycholinguistics, 17*, 59-84.

■ Zobairi, N. & Gulley, B. (1989). *The told tale: Oral storytelling and the young children*. (Eric Document Reproduction Service No. ED 319 517)

- ReadWriteThink.org is a nonprofit website maintained by the International Reading Association and the National Council of Teachers and English, with support from the Verizon Foundation. The site publishes free lesson plans, interactive student materials, Web resources, and standards for classroom teachers of reading and the English language arts.

HEAD START I & II——
用英文溝通，得從「頭」開始！

車蓓群 主編

HEAD START I

在英語早已風行國際、成為通用語言之際，本書是了解各國風俗背景，培養以英語有效溝通文化議題最簡要有利的學習書。

HEAD START II

延續HEAD START I 的基本功，本書精選當代最具爭議性、趣味性，但卻與生活息息相關的文化議題，帶領讀者進入更寬廣且更深入的視野。

本套教材題材以「文化比較」為主軸，將內容延伸至聽、說、讀、寫四大層面上：

- **・聽力部分**：以貼近生活的對話為基礎，並以培養「全民英檢」的能力為目標，設計聽力練習。
- **・口語部分**：以實際生活情境為背景，提供實用的常用語及口語練習。
- **・閱讀部分**：以反覆練習的模式，導入 skimming、scanning 等閱讀技巧。
- **・寫作部分**：深入淺出地灌輸 topic sentence、irrelevance 等寫作概念。
- ・內容編撰方式參考常見的文法句型及「大考中心常用 7000 字」，程度適中。
- ・每課最後提供延伸閱讀文章，全書最後並備有學習單，讓老師能夠斟酌時數及學生需要，增補上課內容。
- ・附朗讀光碟、教師手冊及電子教學投影片。